南海诸岛

是中国的

新华社国际部　新华网　编

The South China Sea Islands
belong to China

人民出版社

编委会名单

主　任：严文斌　田舒斌
副主任：陈　赟　姜　岩　田　帆　刘连祥
　　　　汪金福　刘加文　杨新华
委　员：李国荣　王雪梅　于　荣　常　烨

南海诸岛自古以来就是中国领土。中国在南海的领土主权和海洋权益在任何情况下不受所谓菲律宾南海仲裁案裁决的影响。中国不接受任何基于该仲裁裁决的主张和行动。中国一贯维护国际法治以及公平和正义,坚持走和平发展道路。中国坚定致力于维护南海和平稳定,致力于同直接有关的当事国在尊重历史事实的基础上,根据国际法,通过谈判协商和平解决有关争议。

——习近平

　　(2016 年 7 月 12 日,会见欧洲理事会主席图斯克和欧盟委员会主席容克时的谈话)

2016年6月29日,"见证祖宗海南海更路簿"图片展在海南省博物馆开展。据了解,海南渔民祖祖辈辈在南海耕海牧渔,他们在出海捕捞过程中,总结经验,形成更路,又用更路指导航行,逐渐形成更路簿,并世代相传。它形成于明代初期,盛行明清及民国,存在了600多年。展览用近200张图片和图表,展示了更路簿的历史意义和文化价值。

新华社记者 郭程 摄

2016年4月5日,交通运输部在南海渚碧礁举行渚碧灯塔启用仪式,渚碧灯塔的投入使用将有效提升周边水域助航、通航管理及应急搜救能力。

新华社记者 邢广利 摄

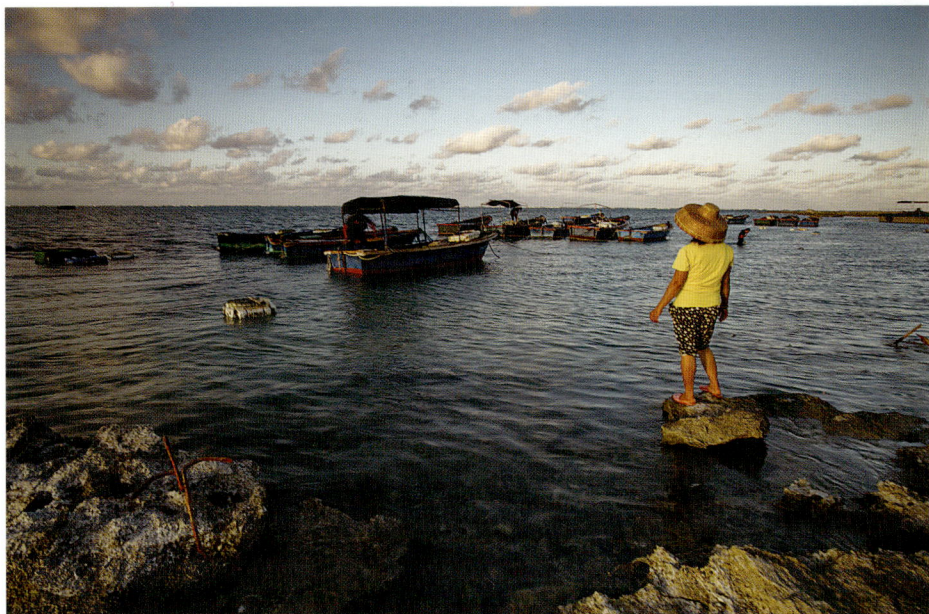

　　2015 年 12 月 11 日,一名女子站在三沙赵述岛岸边。正值冬季,在我国南部的海南省三沙市,温暖的气候、迷人的海岛、朴实的渔民和风光旖旎的日出日落,共同绘就一幅我国南海独有的瑰丽画面。　　　　　　　　　　　　　　　　　新华社记者　赵颖全　摄

　　2012 年 7 月 15 日,"中国渔政 310"船赶赴永暑礁护渔。当日 17 时左右,海南省2012 年最大规模 30 艘渔船船队抵达南沙永暑礁,"中国渔政 310"船及时赶到现场开展护渔工作。　　　　　　　　　　　　　　　　　　　　　　　新华社记者　王存福　摄

2016 年 7 月 18 日,"张謇"号专用科考母船上的操作人员乘坐小艇回收着陆器。浩瀚美丽的南海,连日来风平浪静。自从 7 月 17 日抵达这片深蓝色目标海域,"张謇"号上的科考队员们就夜以继日,连续开展各项深海设备测试和科学考察,其中包括布放"彩虹鱼"万米级着陆器。

新华社记者 张建松 摄

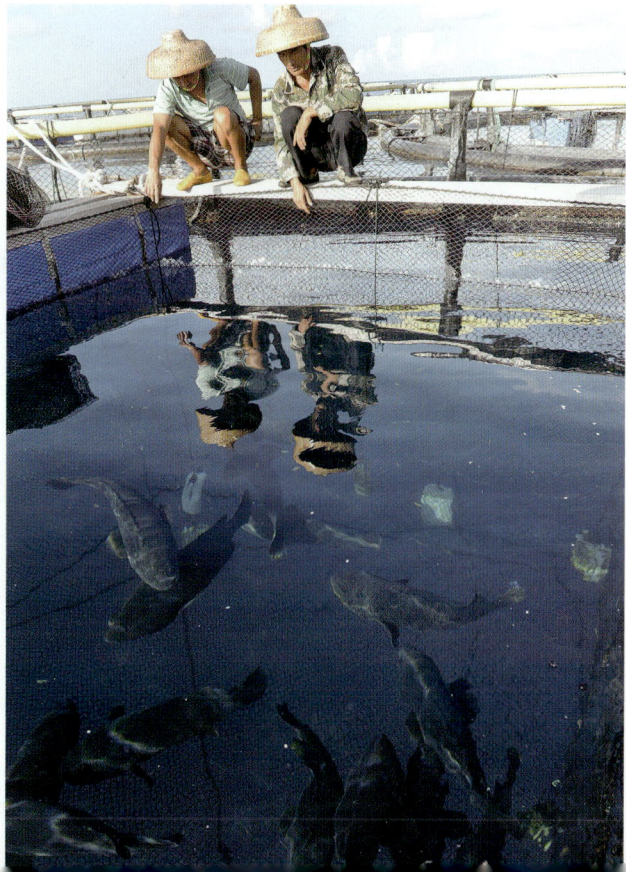

2016 年 7 月 17 日,在南沙美济礁礁盘附近,渔民们在深海养殖基地观察珍珠斑和老虎斑的长势情况。

新华社记者 赵颖全 摄

2016年7月8日,导弹护卫舰发射防空导弹。当日,中国海军在海南岛至西沙附近海空域组织实兵实弹对抗演练。参演部队分为红蓝双方在预定演习海域进行了"背靠背"攻防演练。此次演习是海军年度例行性训练活动。参演兵力以南海舰队兵力为主,包括北海舰队和东海舰队部分兵力,涵盖航空兵、潜艇、水面舰艇和岸防部队各类作战平台。中央军委联合参谋部、训练管理部、南部战区领导和海军全体党委常委参加演习并现场指导。

新华社记者 查春明 摄

2016年7月18日,中国空军新闻发言人申进科大校在北京宣布:中国空军近日组织了航空兵赴南海战斗巡航。这次南海战巡,空军出动轰-6K飞机赴黄岩岛等岛礁附近空域进行了巡航。

新华社发(刘锐 摄)

2016年7月13日,海南航空公司的客机在渚碧礁新建机场着陆。7月13日8时30分、8时40分,中国政府征用的南方航空公司、海南航空公司两架民航客机先后从海口美兰国际机场起飞,经过近2个小时的飞行,分别于10时29分、10时28分在美济礁新建机场和渚碧礁新建机场平稳着陆并于当日下午返回海口,试飞成功。

新华社记者 郭程 摄

前　言

南海诸岛自古以来就是中国领土。主权不容侵犯,正义不能亵渎,任何势力企图以任何方式贬损或否定中国的领土主权和海洋权益,都是徒劳。

菲律宾前总统阿基诺三世在美国和日本策动下单方面提起南海仲裁案,无耻挑战中国南海主权。2016 年 7 月 12 日,南海仲裁案仲裁庭作出所谓裁决。对此,中国政府多次严正声明,菲律宾单方面提起南海仲裁案违反国际法,仲裁庭对此案没有管辖权,所作裁决非法无效,没有拘束力,中国不接受、不承认。

南海问题事关我领土主权、海洋权益、外交大局和国际形象,中国政府、军队、媒体和学界等方面相互协调,紧密配合,步调一致,持续发力,积极抢夺国际话语权,传播中国立场、中国主张、中国观点和中国声音,以中国权威声音有效影响甚至引导国际舆论,取得显著成效。

新华社与西方主流媒体展开竞争,在南海仲裁案舆论应对中发挥了"主阵地""国家队"和"主力军"作用。作为新华社南海仲裁案报道的主要责任部门,国际部从 2016 年 4 月底开始按照中央统一部署和社党组要求,深入调研,精心策划,主动设置议题,加大采访力度,周密安排对内对外报道,及时推出多组深度报道,透彻阐明中国立场和主张,充分采集传播国际社会正义的声音,深入揭批所谓南海仲裁案仲裁庭

第三部分　十论南海仲裁案

第四部分　五评南海"仲裁结果"出炉

第五部分　新华国际时评文章

第八部分　国际观察文章

中华人民共和国政府关于在
南海的领土主权和海洋权益的声明

（2016 年 7 月 12 日）

为重申中国在南海的领土主权和海洋权益，加强与各国在南海的合作，维护南海和平稳定，中华人民共和国政府声明：

一、中国南海诸岛包括东沙群岛、西沙群岛、中沙群岛和南沙群岛。中国人民在南海的活动已有 2000 多年历史。中国最早发现、命名和开发利用南海诸岛及相关海域，最早并持续、和平、有效地对南海诸岛及相关海域行使主权和管辖，确立了在南海的领土主权和相关权益。

第二次世界大战结束后，中国收复日本在侵华战争期间曾非法侵占的中国南海诸岛，并恢复行使主权。中国政府为加强对南海诸岛的管理，于 1947 年审核修订了南海诸岛地理名称，编写了《南海诸岛地理志略》和绘制了标绘有南海断续线的《南海诸岛位置图》，并于 1948 年 2 月正式公布，昭告世界。

二、中华人民共和国 1949 年 10 月 1 日成立以来，坚定维护中国在南海的领土主权和海洋权益。1958 年《中华人民共和国政府关于领海的声明》、1992 年《中华人民共和国领海及毗连区法》、1998 年《中华人民共和国专属经济区和大陆架法》以及 1996 年《中华人民共和国全国人民代表大会常务委员会关于批准〈联合国海洋法公约〉的决定》等系列法律文件,进一步确认了中国在南海的领土主权和海洋权益。

三、基于中国人民和中国政府的长期历史实践及历届中国政府的一贯立场,根据中国国内法以及包括《联合国海洋法公约》在内的国际法,中国在南海的领土主权和海洋权益包括:

(一)中国对南海诸岛,包括东沙群岛、西沙群岛、中沙群岛和南沙群岛拥有主权;

(二)中国南海诸岛拥有内水、领海和毗连区;

(三)中国南海诸岛拥有专属经济区和大陆架;

(四)中国在南海拥有历史性权利。

中国上述立场符合有关国际法和国际实践。

四、中国一向坚决反对一些国家对中国南沙群岛部分岛礁的非法侵占及在中国相关管辖海域的侵权行为。中国愿继续与直接有关当事国在尊重历史事实的基础上,根据国际法,通过谈判协商和平解决南海有关争议。中国愿同有关直接当事国尽一切努力作出实际性的临时安排,包括在相关海域进行共同开发,实现互利共赢,共同维护南海和平稳定。

五、中国尊重和支持各国依据国际法在南海享有的航行和飞越自由,愿与其他沿岸国和国际社会合作,维护南海国际航运通道的安全和畅通。

中华人民共和国外交部关于应菲律宾共和国请求建立的南海仲裁案仲裁庭所作裁决的声明

（2016 年 7 月 12 日）

关于应菲律宾共和国单方面请求建立的南海仲裁案仲裁庭（以下简称"仲裁庭"）于 2016 年 7 月 12 日作出的裁决，中华人民共和国外交部郑重声明，该裁决是无效的，没有拘束力，中国不接受、不承认。

一、2013 年 1 月 22 日，菲律宾共和国时任政府单方面就中菲在南海的有关争议提起仲裁。2013 年 2 月 19 日，中国政府郑重宣布不接受、不参与菲律宾提起的仲裁，此后多次重申此立场。2014 年 12 月 7 日，中国政府发表《中华人民共和国政府关于菲律宾共和国所提南海仲裁案管辖权问题的立场文件》，指出菲律宾提起仲裁违背中菲协议，违背《联合国海洋法公约》（以下简称《公约》），违背国际仲裁一般实践，仲裁庭不具有管辖权。2015 年 10 月 29 日，仲裁庭作出管辖权和可受理性问题的裁决。中国政府当即声明该裁决是无效的，没有拘束力。中国上述立场是明确的、一贯的。

二、菲律宾单方面提起仲裁，目的是恶意的，不是为了解决与中国的争议，也不是为了维护南海的和平与稳定，而是为了否定中国在南海的领土主权和海洋权益。菲律宾提起仲裁的行为违反国际法。一是菲律宾提起仲裁事项的实质是南沙群岛部分岛礁的领土主权问题,有关事项也必然涉及中菲海洋划界,与之不可分割。在明知领土问题不属于《公约》调整范围,海洋划界争议已被中国2006年有关声明排除的情况下,菲律宾将有关争议刻意包装成单纯的《公约》解释或适用问题。二是菲律宾单方面提起仲裁,侵犯中国作为《公约》缔约国享有的自主选择争端解决程序和方式的权利。中国早在2006年即根据《公约》第298条将涉及海洋划界、历史性海湾或所有权、军事和执法活动等方面的争端排除出《公约》强制争端解决程序。三是菲律宾单方面提起仲裁,违反中菲两国达成并多年来一再确认的通过谈判解决南海有关争议的双边协议。四是菲律宾单方面提起仲裁,违反中国与包括菲律宾在内的东盟国家在2002年《南海各方行为宣言》(以下简称《宣言》)中作出的由直接有关当事国通过谈判解决有关争议的承诺。菲律宾单方面提起仲裁,违反了《公约》及其适用争端解决程序的规定,违反了"约定必须遵守"原则,也违反了其他国际法原则和规则。

三、仲裁庭无视菲律宾提起仲裁事项的实质是领土主权和海洋划界问题,错误解读中菲对争端解决方式的共同选择,错误解读《宣言》中有关承诺的法律效力,恶意规避中国根据《公约》第298条作出的排除性声明,有选择性地把有关岛礁从南海诸岛的宏观地理背景中剥离出来并主观想象地解释和适用《公约》,在认定事实和适用法律上存在明显错误。仲裁庭的行为及其裁决严重背离国际仲裁一般实践,完全背离《公约》促进和平解决争端的目的及宗旨,严重损害《公约》的完整性和权威性,严重侵犯中国作为主权国家和《公约》缔约国的合法权利,是不公正和不合法的。

四、中国在南海的领土主权和海洋权益在任何情况下不受仲裁裁决的影响,中国反对且不接受任何基于该仲裁裁决的主张和行动。

五、中国政府重申,在领土问题和海洋划界争议上,中国不接受任何第三方争端解决方式,不接受任何强加于中国的争端解决方案。中国政府将继续遵循《联合国宪章》确认的国际法和国际关系基本准则,包括尊重国家主权和领土完整以及和平解决争端原则,坚持与直接有关当事国在尊重历史事实的基础上,根据国际法,通过谈判协商解决南海有关争议,维护南海和平稳定。

中华人民共和国全国人民代表大会外事委员会就菲律宾共和国单方面请求建立的南海仲裁案仲裁庭作出裁决的声明

（2016 年 7 月 14 日）

中华人民共和国全国人民代表大会外事委员会就菲律宾共和国单方面请求建立的南海仲裁案仲裁庭于 2016 年 7 月 12 日作出的裁决，郑重声明如下：

一、《中华人民共和国外交部关于应菲律宾共和国请求建立的南海仲裁案仲裁庭所作裁决的声明》和《中华人民共和国政府关于在南海的领土主权和海洋权益的声明》已表明了中国的立场，有关裁决对中国没有约束力。全国人民代表大会外事委员会坚定支持这一立场。

二、中国对南海诸岛，包括东沙群岛、西沙群岛、中沙群岛、南沙群岛拥有主权。中国南海诸岛拥有内水、领海、毗连区、专属经济区和大陆架。中国在南海拥有历史性权利。任何国家、组织和机构都无权否定中国在南海的领土主权和海洋权益。

三、菲律宾单方面提起仲裁，违反中菲通过谈判解决有关争议的协议，违反《南海各方行为宣言》，违反《联合国海洋法公约》规定，滥用《公约》规定的仲裁程序，严重侵犯中国作为主权国家和《公约》缔约国享有的自主选择争端解决方式和程序的权利，严重损害《公约》的完整性和权威性。

应菲律宾单方面请求建立的南海仲裁案仲裁庭,对有关事项不具有管辖权。其无视南海的历史和基本事实,曲解和滥用《公约》赋予的权力,自行扩权、越权并对案件实体问题进行审理,违反包括《公约》在内的国际法和国际仲裁的一般法理,所作的裁决是无效的。中国不承认仲裁庭的裁决。

第一部分　新华社评论员文章

　　2016 年 7 月 12 日,南海仲裁案仲裁庭作出非法无效的所谓最终裁决,中国政府对此坚决反对。中国人民不信邪也不怕邪,不惹事也不怕事。新华社评论员文章鲜明地指出南海仲裁案是一出政治闹剧和丑剧,并且告诫域外国家在南海问题上应发挥建设性作用,不要做破坏南海和平稳定的事情。

满纸荒唐言　一枕黄粱梦

——评南海仲裁案仲裁结果

2016 年 7 月 12 日,南海仲裁案仲裁庭(以下简称"仲裁庭")作出非法无效的所谓最终裁决。这是一纸充满荒唐、完全错误的裁决,不具任何法律效力,中国对此坚决反对。非法裁决改变不了中国对南海诸岛及其附近海域拥有主权的历史和事实,中国将坚定维护自身领土主权和正当海洋权益,坚定维护南海地区和平与稳定。

南海仲裁案自始至终就是一场披着法律外衣的政治闹剧。菲律宾提请仲裁事项的实质是南沙群岛部分岛礁的领土问题和中菲两国海域划界,前者不属于《联合国海洋法公约》(以下简称《公约》)的调整范围,仲裁庭无权审理;后者则被中国根据《公约》规定于 2006 年作出的排除性声明排除适用包括仲裁在内的强制争端解决程序。在菲律宾提请仲裁前,中菲两国曾经达成以双边谈判解决争议的若干协议。菲律宾阿基诺三世政府背信弃义,单方面强行提起仲裁,违反了"禁止反言"这一国际法治基本原则,侵犯了中国按照《公约》规定享有的自主选择争端解决方式的权利。仲裁庭既无视《南海各方行为宣言》以及中菲两国间达成的若干协议,又罔顾中菲已选择通过谈判协商方式解决争端的事实,无视中方根据《公约》规定已作出排除性声明,强行作出管辖权和可受理性问题裁决,背离"约定必须遵守"这一国际法基本准则,是违反《公约》规定随意扩权和滥权的行为。"皮之不存,毛将焉附?"仲裁庭自始就没有管辖权,罔顾法律和事实的裁决自然也就没有任何法律效力。

仲裁庭强推仲裁案直至出台所谓最终裁决,把政治闹剧演成了以法乱法、以法乱世的丑剧,是一个冒天下之大不韪的反面判例。这一仲裁和裁决不仅不能定分止争,反而加剧了地区局势紧张,扩大了分歧对立。南海仲裁案自始至终建立在违法基础上,枉法在先,不公在后。中国不接受、不参与菲律宾提起的仲裁,具有充分的国际法依据,对丧失合法性的裁决采取不承认、不执行的立场,才是对国际法的坚定维护,是对主权国家自主选择争端解决方式的权利的坚定维护,是对中国与东盟各国共同作出的承诺的坚定维护,是对一个负责任国家应尽职责的坚定维护。

道义正,必有朋。中国在南海问题上所持立场得到越来越多国家的支持和理解,充分证明中国是在依法行事。越来越多的国家和组织或在公开场合,或通过双边渠道,充分支持和理解中国与有关国家根据双边协议和地区共识通过谈判协商解决南海有关争议,充分支持和赞赏中国维护南海和平稳定的努力。谁在遵守和维护国际法,谁在曲解和践踏国际法,事实已有公论,公道自在人心。

南海的和平稳定符合域内国家的利益和地区发展大局,中国是维护南海和平稳定的重要力量。中方坚持在尊重历史事实基础上,根据国际法通过双边谈判解决与菲律宾在南海的有关争议。中菲两国是搬不走的邻居,中菲双边谈判的大门始终是敞开的。中方敦促菲律宾立刻回到通过双边谈判解决中菲在南海有关争议的正确道路上来。在南海问题上,中国赞成并倡导东盟国家提出的处理南海问题的"双轨思路",坚持在尊重历史事实的基础上,根据国际法,通过谈判协商解决领土与海洋权益争端问题,通过制定规则和建立机制管控争议,通过开发与合作实现互利共赢,坚持维护南海航行和飞越自由及南海和平稳定。

域外国家在南海问题上应发挥建设性作用,多做有利于南海和平稳定之事。如果一些势力挥舞着仲裁庭一张荒唐、无效的裁决书继续颠倒黑白,甚至妄图在南海寻衅滋事、浑水摸鱼,企图让中国吞下损害自身主权、安全、发展利益的苦果,无异于痴人说梦。中国人民不信邪也不怕邪,不惹事也不怕事。企图搅乱南海以逞一己之私终将是黄粱一梦,挑事者必将搬起石头砸自己的脚。

浩渺南海,潮起潮落。不管风云如何变幻,中国始终致力于维护南海地区和平稳定,坚定维护自身在南海的主权和相关权利,坚持通过同直接当事国友好协商谈判和平解决争议。我们坚信,中国同东盟国家一道努力、互利共赢,必将让南海成为和平之海、友谊之海、合作之海。

（据新华社北京 2016 年 7 月 12 日电

新华社记者　凌朔　冯武勇）

南海和平稳定不容非法仲裁戕害

　　南海仲裁案仲裁庭 2016 年 7 月 12 日作出一份无效的、没有拘束力的所谓裁决，给菲律宾单方面提起的仲裁案画上一个丑陋的句号。世人已经看清，南海仲裁案从头到尾就是一场披着法律外衣的政治闹剧。对于程序和法律适用牵强附会、证据和事实认定漏洞百出的仲裁案，中国人民绝不接受，国际上一切主持公道的人们也不会认同。

　　史实凿凿，法理昭昭。南海诸岛自古以来就是中国领土，南海是中国老百姓的"祖宗海"。中国最早并持续、和平、有效地对南海诸岛及相关海域行使主权和管辖，由此确立的领土主权和相关权益不容置疑，也无法动摇。"中国在南海的领土主权和海洋权益在任何情况下不受所谓菲律宾南海仲裁案裁决的影响。中国不接受任何基于该仲裁裁决的主张和行动。"习近平主席掷地有声的宣示，道出了全体中国人民的心声。主权不容侵犯，正义不能亵渎，任何势力企图以任何方式贬损或否定中方的领土主权和海洋权益，都是徒劳的。

　　中菲南海有关争议的核心是菲律宾非法侵占中国南沙群岛部分岛礁而产生的领土问题。无论从历史经纬还是国际法看，菲律宾对南沙群岛部分岛礁的领土主张都毫无历史和法理依据。菲律宾前任政府无视中菲多年来围绕相关争议达成的诸多共识和承诺，在外部势力唆使下，单方面挑起仲裁，是为无信；仲裁庭错误解读《南海各方行为宣言》

中有关承诺的法律效力,恶意规避中国根据《联合国海洋法公约》(以下简称《公约》)第 298 条作出的排除性声明,有选择性地把有关岛礁从南海诸岛的宏观地理背景中剥离出来并主观想象地解释和适用《公约》,有悖"居中公断""定分止争"的国际法治本意,是为不公;仲裁庭与菲方及其律师团沆瀣一气、暗通款曲,是为不正。无信、不公、不正,注定了这起仲裁案玷污了法治精神和公平正义,注定了所谓裁决不过是一张包藏祸心、充斥谎言的废纸。

仲裁案以及由此引发的恶意炒作和政治操弄,给国际法治留下了违反法律、破坏规则、影响恶劣的典型反面判例,将南海问题带入了一个加剧紧张对抗的危险境地,完全不利于维护本地区的和平稳定,完全不符合中菲两国、地区国家和整个国际社会的共同利益,回归正确轨道才是人心所向、大势所趋。

公无远近,事在是非。南海和平稳定是地区之福,南海生乱生战是地区之祸。南海的和平稳定绝对不容非法仲裁戕害,绝对不容域外势力破坏。中国一贯维护国际法治以及公平和正义,坚持走和平发展道路,是维护南海和平稳定的重要力量。正如 2016 年 7 月 13 日公布的《中国坚持通过谈判解决中国与菲律宾在南海的有关争议》白皮书所指出的,中国始终致力于与包括菲律宾在内的直接有关的当事国在尊重历史事实的基础上,根据国际法,通过谈判解决有关争议。

实迷途其未远,觉今是而昨非。菲律宾新一届政府上台以来,就中菲关系和南海局势释放出一些有别于上届政府的积极信号,包括愿同中国就南海问题恢复协商对话。中菲是隔海相望的近邻,有关争议归根结底还是中菲邻里之间的事情。双边友好对话协商是妥善处理争议的唯一正确可行途径,希望菲律宾新政府以实际行动展现改善中菲关系的诚意,同中方相向而行,妥善管控分歧,推动中菲关系尽快重回健康发展的轨道。只有当事方通过平等谈判达成协议,有关争议才能获得根本长久解决,有关协议才能得到全面有效贯彻实施。

南海既是沟通中国与周边国家的桥梁,也是中国与周边国家和平、友好、合作和发展的纽带。实现南海地区的和平稳定和繁荣发展是中国和东盟国家的共同愿望和共同责任,符合各国的共同利益。只要各方坚持通过谈判协商解决争议,坚持通过互利合作实现共赢,任何闹剧都掀不起风浪,和平发展的时代潮流必将浩荡前行。

（据新华社北京 2016 年 7 月 13 日电

新华社记者　冯武勇　凌朔）

第二部分　新华全媒头条文章

中国对南海诸岛拥有不可侵犯的主权,南海主权不容仲裁。中国这一主张史实依据充分,法理基础坚实。美日菲为什么对此熟视无睹,相互勾结,力推此案?背后藏有什么样的险恶用心?新华全媒头条文章为你梳理南海仲裁案闹剧出笼始末,告诉你有关南海仲裁案的真相和谎言。

南海仲裁:心怀鬼胎的拙劣表演者

由菲律宾阿基诺三世政府提起的南海仲裁案最终裁决定于 2016 年 7 月 12 日出炉。对于所谓仲裁结果,中国立场一直鲜明而坚定:不接受、不承认。

这一仲裁案是阿基诺三世治下的菲律宾担当主演、美国幕后操纵、日本充当"托儿"的一出反华闹剧。

正如荷兰乌得勒支大学法学院教授汤姆·兹瓦特所言:"仲裁庭的裁决在东亚必将被视为毒树之果,无法得到认可和支持。"

乌云终难遮蔽太阳。随着时间推移,越来越多的国际人士认识到南海仲裁案背后的真相。

菲律宾:为侵占披"合法"外衣

中国有句古语:司马昭之心,路人皆知。

本来,阿基诺三世治下的菲律宾心知肚明:菲中之间的南海争议本质上是领土主权与海洋划界之争,而领土主权与海洋划界之争不属于仲裁庭的管辖范围。

但是,菲律宾 2013 年 1 月执意提起了南海仲裁案,其手段是在仲裁案中对提出的诉求进行了伪装,其中包括将南沙群岛进行"切割",要求仲裁庭就其中数个单独岛礁的法律地位及其海洋权利进行裁定,以使其诉求"符合"获得仲裁的条件。

阿基诺三世自以为聪明,但岂能蒙蔽得了世人的眼睛?

国际专家指出,菲律宾采取这一诉讼伎俩,实际上是想否定中国将南沙群岛作为整体主张领土主权和海洋权利的立场,并为其非法窃取中国南沙岛礁的行为披上"合法"外衣。

"菲律宾提起南海仲裁案是罔顾南沙群岛作为一个完整地理和领土单位的事实而采取的单方行径",巴基斯坦伊斯兰堡国际问题研究委员会主任赛义德·乔杜里对新华社记者说。

英国牛津大学国际公法副教授安东尼奥斯·察纳科普洛斯不久前也指出,菲律宾试图将一部分争议"切割"出主权和海洋划界问题之外,以便仲裁庭能对有关仲裁事项拥有管辖权。

"但是,考虑到这些仲裁事项与主权、海洋划界等问题在本质上内在交织,而仲裁庭对相关主权及海洋划界问题没有管辖权,这种做法颇有刻意为之的味道",察纳科普洛斯说。

根据《联合国海洋法公约》(以下简称《公约》)设立的仲裁庭只对"就《公约》解释或适用情况产生的争端"具有管辖权,而关于岛屿的领土主权之争属于一般国际法的调整事项,根本不属于《公约》的解释或适用方面的争端,因此不在此类仲裁庭的管辖范围内。

除了采取上述诉讼伎俩外,菲律宾阿基诺三世政府还违背同中方达成的通过谈判方式解决南海争端的协议,在诉诸仲裁前没有尽到就争端解决方式与中国交换意见的义务。这些都违背了提起仲裁的前提。

皮之不存,毛将焉附?仲裁前提站不住脚,仲裁裁决合法性又何从谈起?

偌大的南海，潮起潮落。多年来，中国和菲律宾等东南亚国家散居在这片海域的四周，彼此为邻。与邻为善，以邻为伴，是中国一贯的周边外交方针。

对于邻国之间围绕南海问题出现的分歧，中国一直主张由直接当事国在尊重历史事实和国际法的基础上，通过谈判和协商和平解决。

近年来，中菲之间出现严重分歧，关键是阿基诺三世政府甘愿充当美国在东南亚的马前卒，采取敌视中国的政策，进而抛弃了通过谈判解决菲中领土争议的渠道。

菲律宾《旗帜报》专栏作家罗德·卡普南一针见血地指出，阿基诺三世执政6年，积极追随美国所谓"重返亚太"政策，肆意误导菲民众，煽动对邻国的敌意。在南海问题上，"菲律宾人是在替美国火中取栗"。

动机不纯，难免自食其果。

阿基诺三世政府在南海问题上错打算盘，严重破坏了中菲政治互信，也殃及两国经济关系。

菲律宾侨领、亚太经济与文化交流协会主席施乃康指出，菲律宾提起南海仲裁，实际上等于片面撕毁了菲律宾业已签署的《南海各方行为宣言》。

"（菲律宾）既不尊重中国，也不尊重自己，更不尊重东盟，给人一种破坏地区秩序与规则的印象，最终伤及菲律宾的国家形象与信誉"，施乃康说。

美国和日本：意在打压中国

《圣经》里有一句名言：总在说别人眼里有细刺，却浑然不觉自己眼里的椽子。

围绕南海问题,至今仍拒绝批准《公约》的美国竭尽对中国指责之能事,相继给中国扣上了好几项大帽子:"南海军事化""破坏南海航行自由""改变南海现状""大国欺负小国"等。

在行动上,美国一次次"秀肌肉":美国国防部部长阿什顿·卡特乘航母穿行南海、美国"劳伦斯"号驱逐舰闯入永暑礁邻近海域、美国太平洋舰队司令斯科特·斯威夫特登巡逻机"侦察"南海、美菲演练"联合夺岛"。特别是在2016年6月中旬,美军"约翰·斯滕尼斯"号和"罗纳德·里根"号航母在南海附近海域展开联合行动,大肆对中国炫耀武力。

美国的种种言行,无非是为阿基诺三世政府推进南海仲裁案站台。

事实上,从阿基诺三世政府单方面提起南海仲裁案之初,美国就在幕后进行操控。

参与策划南海仲裁案的包括美国律师保罗·赖克勒,美国政府的一些高官也支持菲律宾提起仲裁。

俄罗斯人民友谊大学教授尤里·塔夫罗夫斯基2016年6月20日在俄罗斯《独立报》发表文章指出,美国在南海没有领土,却想插手仲裁事宜。

"(美国前国务卿)希拉里(早就)提出了'国际社会'参与解决南海问题,意欲将争议局势交给实际上由美国控制的各个国际仲裁机构审议",塔夫罗夫斯基说。

此外,美国一些政客早就迫不及待地要求中国承认和执行南海仲裁案裁决。美国国务院东亚与太平洋事务局助理国务卿帮办科林·威利特表示,南海仲裁必须是有约束力的。

菲律宾外交部海事中心前秘书长阿尔韦托·埃恩科米恩达不久前指出,阿基诺三世政府加剧南海紧张局势的行为是美国指使的。

"菲律宾没有独立的外交政策,总是受美国指使。阿基诺三世总是把'基于法制'和'法律框架'挂在嘴边,这些'法'其实就是美国决定的",他说。

观察家指出,美国大肆炒作南海问题,怂恿菲律宾提起仲裁,用心险恶。

从战术目标来看,美国的意图包括:

——损害中国在南海的主权。

第二次世界大战结束后,中国政府根据《开罗宣言》《波茨坦公告》等一系列国际公约和协议,依法、公开收复了南沙群岛。中国和美国当时是盟国,中方人员曾坐着美国制造的军舰去收复南沙群岛。

南沙群岛属于中国,美国本来对此了如指掌,现在却在这一问题上故意混淆是非,兴风作浪,目的就是给中国制造麻烦。

美国《全球策略信息》杂志华盛顿分社社长威廉·琼斯指出,美国希望通过仲裁限制中国在南海地区的主张,并进一步巩固与包括菲律宾在内的地区盟友的关系。

——离间中国与邻国的关系。

在美国看来,南海问题是挑拨中国与东南亚国家关系、让东南亚国家加强对美依附的最佳着力点。

中国与全球化智库研究员储殷指出:"美国让南海局势不断升温,核心目的就是遏制中国、试探中国底线,同时也是为了保持美国对东南亚国家在安全上的绝对影响力。"

——抹黑中国形象,让中国在国际上陷入被动。

围绕菲律宾提起的南海仲裁案,美国政府官员和媒体发表了种种诋毁中国的言论,攻击和曲解中国的正义立场和合法权益,目的就是把中国描绘成国际秩序和国际法的"破坏者"。

例如,在2016年6月初举行的第十五届香格里拉对话会上,美国国防部部长卡特指责中国在南海的行为是在建造一座"自我孤立的长城"。

其实,长城在历史上挡住的是侵略者的铁蹄,而不是友好的使者与自由的贸易。中国从未想过自我孤立,有人如果想要孤立中国,不过是痴人说梦罢了。

战术目标服务于战略目标。

在南海问题上,美国的战略目标是推进"亚太再平衡"战略。

美国实施这一战略,目的在于确保21世纪美国在这个世界上经济发展最快地区的战略利益。为此,美国从军事、外交、经济三个方面着手,强化其在亚太地区的影响力。

塔夫罗夫斯基指出,从"亚太再平衡"战略内容和落实过程来看,美国回归遏华战略。其遏制的形式多样,包括将大批美国武装力量调遣至太平洋,以及在中国沿岸打造敌对邻国链。

东南亚被美国视为必须重点经营的核心地区。于是,围绕南海问题存在的矛盾,成为美国打压中国的可乘之机。

在南海仲裁案这场闹剧中,还有一个闹得甚欢的"托儿"——日本。

与菲律宾举行海上联合军演,让自卫队以各种名义访菲,向菲方转让二手军事装备,利用主办七国集团峰会之机把南海问题扯进峰会宣言,所有这些无不折射出日本插手南海问题的野心。

专家指出,日本在南海问题上包藏种种祸心:炒作"中国威胁论",为日本推行新安保法和修改和平宪法制造舆论;让日本自卫队借机出海,扩大影响力,同时充当美军马前卒;牵制中国迅速崛起的势头,同中国争夺在亚太地区的影响力。

上海交通大学日本研究中心主任王少普指出,日本近年来积极追随美国"亚太再平衡"战略,谋求建立对中国的所谓"遏制力",并因此在国内采取解禁集体自卫权等一系列动作。

"正是在这种战略指导下,日本近来积极插手南海问题,寻求牵制中国",王少普说。

菲律宾、美国和日本在南海问题上刻意制造的仲裁闹剧,破坏了亚太地区特别是南海区域的安全与稳定,背离了世界和平与发展的大潮。

在南海这一舞台上,曾有过殖民侵略,有过非法侵占,现在又有人兴风作浪,还有人炫耀武力。但是,正如潮来潮退,这些闹剧终将湮灭;历史将会证明,谁是南海的匆匆过客。

（据新华社北京 2016 年 7 月 11 日电

新华社记者　包尔文　赵卓昀　闫亮　孙萍）

真相与谎言

——南海仲裁案闹剧出笼始末

南海仲裁案仲裁庭 2016 年 7 月 12 日公布了所谓最终裁决。这一恶意裁决完全颠倒黑白,混淆是非,是一张充斥谎言的废纸。中国在南海的领土主权和海洋权益在任何情况下不受仲裁裁决的影响,中国反对且不接受任何基于该仲裁裁决的主张和行动。

持续 42 个月的南海仲裁案,从一开始就注定是一场披着法律外衣的政治闹剧。仲裁庭抛出的这纸裁决,把这场纵曲枉直的闹剧唱到了声嘶力竭的地步,在极不光彩中收场。

这一纸无效裁决既不可能改变南海"旧格局",也不可能开创南海"新现实",只是留下了一笔用伪规则破坏国际法治、破坏地区秩序的劣迹。

剧本:一场披着法律外衣的政治闹剧

2013 年 1 月,菲律宾提请仲裁,15 项仲裁事项可简单归纳为三类。针对这三类仲裁事项,中国外交部 2014 年 12 月 7 日受权发表的《中华人民共和国政府关于菲律宾共和国所提南海仲裁案管辖权问题的立场文件》逐一予以反驳：一、只有首先确定中国在南海的领土主权,才能判断中国在南海的海洋权利主张是否超出《联合国海洋法公约》(以下简称《公约》)允许的范围;二、南海部分岛礁的性质和海洋权利问题与主权问题不可分割;三、中国在相关海域采取行动的合法性基于中国对有关岛礁享有的主权以及基于岛礁主权所享有的海洋权利。

表面上,菲律宾提请仲裁事项条条紧扣《公约》,是寻求仲裁庭依据《公约》作出相关认定和解释;实质上,仲裁内容的核心是南海部分岛礁的领土主权问题和海域划界问题,前者不属于《公约》调整范围,后者已被中国于2006年的排除性声明所排除。简而言之,菲律宾提请仲裁的不是法律问题,而是政治问题,是菲律宾试图借助法律手段非法侵占中国岛礁主权及海洋权利的政治野心。

仲裁庭无视中方立场主张,于2015年10月底裁定对菲部分诉求拥有管辖权,使菲律宾阿基诺三世政府精心编织的政治谎言正式披上了法律的外衣,堂而皇之地以"国际法治"的形式在世界舆论中发酵。

舞台：一个纵容狼奔豕突的仲裁庭

南海仲裁案解决不了南海问题。相反,仲裁案本身存在的严重法理缺陷注定其只会加剧南海问题的复杂性和难解度,不但有损国际法的公平公正,破坏地区安全秩序和对话机制,还将严重威胁《公约》的完整性和权威性。

1945年以来,全球范围内共形成5万多份各类条约,这些条约共同构成了国际法的重要渊源。《南海各方行为宣言》(以下简称《宣言》)是南海地区法律和规则秩序的基础,是当前处理南海相关问题的重要依据。仲裁庭一路推进仲裁直至出台所谓最终裁决,完全没有顾及《宣言》等已经建立的国际法规则,没有顾及正在发挥作用的地区对话机制、平台与框架,强行把《公约》凌驾于受国际法保护的既有和平对话框架之上,构成了对国际法的伤害和对地区和平对话机制的损害。

2006 年,中国依据《公约》第 298 条作出排除性声明,将涉及海域划界、历史性海湾或所有权等方面的争端排除在《公约》强制争端解决程序之外。排除性声明不是《公约》可有可无的附属物,而是《公约》解释和适用过程中不可分割的重要组成部分。仲裁庭无视中方排除性声明的内容,强推仲裁程序,实质性剥夺了《公约》赋予缔约国行使选择权排除特定类型争端的权利。

对自身的法理缺陷视而不见,对中方的多次声明听而不闻,对仲裁案的负面影响心不在焉,仲裁庭一路猛跑,以推进程序为借口,为了裁决而裁决,不仅枉法不公的"病灶"将使其在今后的国际法判例学中成为反面的经典,而且还让原本平静的南海成为各种域外野心狼奔豕突的舞台。

旁白:我们为什么要说"不"

任何法律都不能脱离现实。应有乱则治,而非治而生乱。

过去几年的现实是,仲裁案使南海局势更加复杂,外部势力频繁介入,海上安全紧张加剧,周边国家分歧趋多,地区民生受到波及。这是试图滥用某一部公约规则解决复杂历史和政治争议的后果。

"定分止争"是国际法和平解决国际争端的宗旨和《公约》的本意。各种争端解决方式均应有助于实现依据可适用的国际法以和平方式解决争端的目标,从而缓解紧张局势,促进争议方之间的和平合作。1899年,海牙和平会议通过《和平解决国际争端公约》,寄托了各国对通过仲裁等方式和平解决国际争端的希望。第二次世界大战结束后,《联合国宪章》规定了包括谈判和仲裁在内的争端解决方式。

维护国际法律秩序的关键在于,各国应本着合作精神,在国家同意的基础上善意使用争端解决方式和机制,不得滥用这些争端解决方式和机制而损害其宗旨。要避免打着国际法的旗号,损害缔约国的权利和合法利益,更不能破坏业已成态的地区法治承诺和法治秩序。

中国不接受、不参与南海仲裁案的立场,是依照国际司法程序以及国际法赋予的权利,对仲裁庭管辖权提出合理质疑与纠偏;对裁决结果采取不承认、不执行的立场,恰恰体现出对国际法的尊重和遵守,恰恰表明中国对避免国际法被政治化滥用的严谨态度,恰恰是对仲裁庭甘愿充当枉法裁判角色的必要警示,恰恰是对企图操纵国际法玩弄南海局势的不良居心的一种合法、合理的抗争。

四个"不",是这幕闹剧中贯穿始终的正音。

导演:谁在把南海当成好莱坞

过去几年,伴随南海仲裁案,美国、日本等一些域外国家不断在南海抛出各种"规则",例如"航行自由""捍卫国际法"等,加上一些西方媒体的应和鼓吹,南海被编造成一个没有航行自由、没有规则秩序、没有安全保障、没有和平稳定的"火药桶"。这种宣传造势与舆论诋毁在许多西方学者眼中早已是见怪不怪。美国著名律师布鲁斯·费恩一针挑破:美国当前的南海政策体现了"危险的帝国思维",跑到南海去渲染"中国威胁"除了加剧地区紧张、给亚洲国家发出错误信号外,美国只会一无所获。

用各种美丽的谎言,把自己的规则强加到其他地区,甚至凌驾于国际法之上,是美国推行霸权主义的制胜法宝,也是美国对国际法"利则用、不利则弃"的最佳演绎。南海之于美国,恐怕是搞合纵对抗中国、拉同盟抵制中国、造舆论诋毁中国的最佳演武场,也是美国"亚太再平衡"的绝好落脚点。

中国从来不排斥规则,中国是既有合理合法规则的坚定守护者与推动者。但解决南海问题的规则,绝不应该是任由几个远在万里之外的所谓专家,打着国际法的旗号,简单片面、颠倒是非地给一个具有复杂性和历史性的地区问题下定论,更不应该是任由毫不相干的域外势力往地区问题中掺沙子,夹带具有典型"选择性法治"和"片面性法治"特征的所谓"规则"。

南海不是好莱坞,不是美国排演战略剧情的外景地。真正的规则,需要在有关各方的对话中,权衡各方主张,考量各种因素,协商各种方案,寻找各种可能。这是中国的定力。

尾声:一纸荒唐言怎断南海千古事

有没有所谓的仲裁,南海,都在那里。

判不判定岛屿的属性,南海诸岛的主权及海洋权利都不会改变。仲裁改变不了任何历史、任何事实、任何现状。

归根结底,是历史和事实不容仲裁。

对南海而言,仲裁不仅没有理由、没有必要,更不会促成任何改变。对于南海问题的解决,仲裁不仅徒然无益,更只会挑起麻烦与事端。

仲裁庭把仲裁案从闹剧演成丑剧,但历史会给它一个真正公道的仲裁。

（据新华社北京 2016 年 7 月 12 日电

新华社记者　凌朔　杨定都）

第三部分　十论南海仲裁案

　　南海仲裁案的三大法理致命伤，被包装成特效药的"伪规则"，中国在南海的历史性权利，美国的南海心态和冷战思维，日本在南海扮演的不光彩角色，西方媒体的刻意造谣，中菲关系的何去何从，仲裁案对东盟发展的干扰作用，南海问题的正确解决之道……新华社"组合拳"系列评论助力南海仲裁案外交较量。

南海仲裁案暴露三大法理致命伤

——一论南海仲裁案及南海问题

南海仲裁案仲裁庭通过书记处 2016 年 6 月 29 日发布通告称,仲裁庭将于 2016 年 7 月 12 日公布实体问题裁决。仲裁庭建立在菲律宾单方面请求基础上,对此中方多次声明,不接受和不承认仲裁庭管辖和裁决。

但恐怕包括菲律宾、美国在内的所有人都很清楚,仲裁案解决不了南海问题。仲裁案本身存在的诸多严重法理缺陷注定了其只会加剧南海问题的复杂性和难解度。这起仲裁案不但有损国际法的公平公正,更破坏了地区安全秩序和对话机制,势必严重威胁《联合国海洋法公约》(以下简称《公约》)的完整性和权威性。

首先,仲裁案威胁南海地区法律和规则秩序基础。

国际法不是一部单一法律,某一部公约也无法代表国际法的全部。1945 年以来,全球范围内共形成 5 万多份各类条约,这些条约共同构成了国际法的重要渊源。英国国际法泰斗马尔科姆·肖在其权威著作《国际法》中对"条约"的范围有过明确的定义。《南海各方行为宣言》(以下简称《宣言》)构成了南海地区法律和规则秩序的基础。

其中,《宣言》第四条明确规定由直接当事国谈判解决有关争议。《公约》第十五部分明确规定,争端解决机制需首先尊重国家主权,所有争端应当首先使用缔约国自行选择的任何和平方法解决,并在整个争端解决机制中占据首要和优先地位。因此,《宣言》理应受到优先尊重、参考与援引。

遗憾的是,仲裁庭一意孤行地受理菲律宾单方面诉求,丝毫没有顾及《宣言》等已经建立的国际法规则,丝毫没有顾及正在发挥作用的对话机制、平台与框架。仲裁庭把《公约》强制凌驾于受国际法保护的既有和平对话框架之上,构成了对国际法的伤害和对地区和平对话机制的损害,这是扩权、滥权。

其次,从国际法权利看,仲裁庭扩权、滥权侵犯了《公约》缔约国所享有的权利。

美国布鲁金斯学会 2016 年 5 月发表《法律在南海问题上的局限性》报告,指出南海仲裁案存在法律局限性:一方面,所有各方都承认,仲裁庭在任何涉及主权的问题上没有管辖权;另一方面,所有各方都承认,中国先前依据《公约》第 298 条作出的排除性声明合法有效,中国已将涉及海域划界、历史性海湾或所有权等方面的争端排除在《公约》强制争端解决程序之外。中国、俄罗斯、法国、英国等约 30 个《公约》缔约国作出的各种排除性声明不是《公约》可有可无的附属物,而是《公约》解释和适用过程中不可分割的重要组成部分。

针对这样一个路人皆知的道理,仲裁庭却枉顾是非,不顾中菲南海争议的本质是领土主权和海洋划界问题这一铁一般事实,强推仲裁程序,实质性违反了《公约》赋予缔约国行使选择权排除特定类型争端的权利。

最后,从仲裁的后果看,其丝毫无助于维护南海的和平稳定。

任何国际司法案例,最终目的都是用和平方式解决分歧与矛盾、推动和平与发展。任何裁决都不能以破坏既有和平对话框架为代价,也不能给地区局势制造更多混乱与危机。《公约》第十五部分第 280 条明文限定："本公约任何规定均不损害任何缔约国于任何时候协议用自行选择的任何和平方法解决它们之间有关本公约的解释或适用的争端的权利。"

但现实是，仲裁案使南海局势更加复杂，外部势力频繁介入，海上安全紧张加剧，周边国家分歧趋多，地区民生受到波及。这是试图滥用某一部公约规则解决复杂历史和政治争议。

自有仲裁案以来，中国与东盟努力促成的《宣言》正在被恶意边缘化，仲裁实质性破坏了解决地区问题的和平手段；自有仲裁案以来，美国舰机在南海区域频繁现身，紧张气氛弥漫，给原本从未担忧自由航行的各国商船平添了对未来不确定性的心理阴影；自有仲裁案以来，东盟内部分歧加剧，一些会议不欢而散，给东盟一体化进程增添新的负担，原本和谐的民间交往被打破。

这样的仲裁，不仅于事无补，相反使南海问题更加复杂化、政治秩序更加分歧化、安全秩序更加无序化。

南海本无事，为何生非？回顾历史与现实，在南海几千年发展史中，周边各国交往密切，相互理解，互惠互利，共同发展。今天所见的分歧，无非是外部势力挑拨的结果。究竟对谁有利，难道不值得警醒吗？

（据新华社北京 2016 年 6 月 29 日电

新华社记者　凌朔）

伪规则不能成为解决地区争端的特效药

——二论南海仲裁案及南海问题

中国不接受、不参与南海仲裁案的立场,被一些西方国家政府和媒体贴上了"不尊重国际法"的标签;中国不承认、不执行仲裁案所谓裁决结果的立场,被扣上了"不遵守国际法"的帽子。但事实是,尊重和遵守国际法,从来不意味着要被动接受一个采用双重标准、把某些国家的意志强加于其他国家的、从头至尾忽略历史观和事实性的、不顾既有和平对话机制的、把主权实质问题包装偷换的,以及简单粗暴和偏颇的、不符合国际法的单边强制仲裁。

相反,依照国际司法程序以及国际法赋予的权利,对仲裁庭管辖权提出合理质疑与纠偏,甚至用拒绝来表达立场和观点,恰恰体现对国际法的尊重和遵守,恰恰表明中国对避免国际法被政治化滥用的严谨态度,也是对企图操纵国际法玩弄南海局势的不良居心的一种合法、合理的抗争。

美国哈佛大学著名国际法专家杰克·戈德史密斯教授在与芝加哥大学国际法教授埃里克·波斯纳合著的《国际法的局限性》中写到,应当非常审慎地期待国际法所能发挥的作用,因为现有国际法存在诸多局限。

回到南海问题,这是一个涉及多方的复杂政治性问题,并且包含着海量历史因素需要考量。简而言之,搞清楚南海争端,并且推动南海问题朝着和平解决的方向发展,需要相关方坐下来,综合考虑内政、外交、历史、文化、渔业、能源、安全、交通等多方面因素,提出各种建设性意见,在不断磨合与协商的气氛中逐渐趋于一致。这需要一个过程和一种机制,例如中国和东盟国家 2002 年签署的《南海各方行为宣言》以及正在磋商中的"南海行为准则"。

各种争端解决方式均应有助于实现依据可适用的国际法以和平方式解决争端的目标,从而缓解紧张局势,促进争议方之间的和平合作。维护国际法律秩序的关键在于,各国应本着合作精神,在国家同意的基础上善意使用争端解决方式和机制,不得滥用这些争端解决方式和机制而损害其宗旨。

中国从来不排斥规则,中国是既有合理合法规则的坚定守护者与推动者。但解决南海问题的规则,绝不应该是任由几个远在万里之外的所谓专家和法官,打着国际法的旗号,以偏概全、简单片面、闭门造车地给一个具有复杂性和历史性的地区问题下定论。解决南海问题的规则,需要靠有关国家之间的谈判,需要综合考量历史、传统等因素。

《联合国海洋法公约》(以下简称《公约》)需要缔约国共同维护,但前提是,不能打着《公约》的旗号,损害缔约国的权利和合法利益,不能破坏《公约》所建立的法律制度的完整性和权威性。在南海问题上,早于《公约》上千年就形成的管辖史、行政史、文化史、传统史需要得到法律的尊重。法律从来不是用来否定历史的大棒,更不该沦为地缘政治和利益驱使的工具。

(据新华社北京 2016 年 6 月 30 日电
新华社记者 凌朔)

期待中菲关系重回健康发展轨道

——三论南海仲裁案及南海问题

2016 年 6 月 30 日，菲律宾总统杜特尔特在马尼拉正式宣誓就职。

此前一天，应菲前总统阿基诺三世政府单方面请求建立的南海仲裁案仲裁庭对外称，将于 2016 年 7 月 12 日公布所谓最终裁决。南海仲裁案闹剧终于要收场，菲新政府也该与前任的错误说再见，尽快回到通过谈判解决争议的正确轨道上来。

中菲关系要改善，"解铃还需系铃人"，关键在于菲方。菲新政府能否承担起所应承担的"解铃人"角色，用多长时间、多大力度来抛弃前任政府留下的外交包袱，如何面对仲裁案对中菲关系造成的巨大伤害，人们拭目以待。

菲新政府作出实质性举动改善中菲关系的机会依然存在，尽最大可能补救仲裁案对中菲关系乃至地区局势带来的负面影响的机会依然存在。

一个多月前，杜特尔特在总统选举中胜出的消息获得确认后，中国领导人致电祝贺。贺电表示，一个友好、稳定、健康发展的中菲关系符合两国和两国人民的根本利益。保持并深化中菲睦邻友好和互利合作是两国领导人的共同责任。希望双方共同努力，推动中菲关系重回健康发展轨道。

杜特尔特随后在接受菲媒体采访时说，收到这份贺电对他来说是一种荣誉。此后至今，杜特尔特在不同场合释放出缓和菲中关系的积极信号。他提到不愿因黄岩岛与中国开战，提到不赞成菲律宾加入美国的所谓"航行自由"行动。中菲两国人民以及世界上所有真正关心南海地区和平稳定的人们都期待中菲两国关系回到正途。

　　这一段有来言有去语的非直接"对话"，被中菲媒体解读为外交关系回暖的积极信号。更值得注意的是，两位领导人在相关表态中均提及中菲关系的历史，强调中菲两国有着悠久的友好交往历史，两国人民有着深厚的传统友谊。

　　历史，在现代国家间交往中，从不是寒暄的套词。不忘历史、尊重历史、常念历史，进而缔造历史，是国与国交往时重要的共同语言。在中菲交往的历史长河中，有太多美好的篇章值得回忆，而南海，在历史上则是中菲友好平等交往的重要纽带。

　　菲律宾史籍《1493—1898年的菲律宾群岛》中记述了这样一个关于中菲南海交往史的故事。1626年，在今天菲律宾巴丹半岛的埃尔莫萨地区，正面临一场严重饥荒，而当时的西班牙殖民当局因种种原因爱莫能助。当地的天主教徒只好每天祈祷中国商船能按每年约定的时节前来救急。不久后，当6艘满载谷米的中国商船从南海驶入埃尔莫萨港时，当地人大呼这是"上天的恩赐"。

　　几乎同一时期，中国福建地方志《闽书》也记载了一段与菲律宾的民间交往史。今天在中国普遍种植的番薯，原来是从吕宋国（今菲律宾）流传入境。有商人见吕宋国普遍种植番薯并取得了良好的经济效益，便取了植株，经南海漂洋过海到达福建并种植成功。在广泛种植的前几年，番薯就帮助闽人挨过了一场严重的饥荒。

　　同样是饥荒，同样是跨海交流，同样是相互受益，平等交流、共同发展、念及民生是唯一的道理。在漫长历史中，南海绝大多数时间在中菲之间扮演这样的纽带与平台。当然,这些历史,一些西方人并不了解、并无兴趣了解、即便了解也装作不了解。

过去几年,菲律宾前总统阿基诺三世把菲中友好的传统放在一边,把民生需求与发展需求放在一边,执意随一些域外国家起舞,把某些域外国家的口头承诺当作安全保护伞和经济驱动力,大肆国际化南海问题,甘当域外国家插手南海问题的急先锋。但事实是,外国军舰的频繁游弋加剧了南海的紧张,原本航行自由的海域反倒成了某些国家"横行自由"的演武场。菲律宾丝毫不会在游弋的域外军舰中找到真正属于自己的安全利益。在经济上,某些西方国家的承诺并未让菲律宾改善民生,反倒是激化的南海争端让很多菲律宾人失去了营生的根本。阿基诺三世政府在南海问题上的认知错误、决策错误和战略错误,最终只会把一切苦果转嫁到国民身上,甚至殃及周边地区的稳定和繁荣。

只有加强合作、发展经济、互利共赢,才符合中菲两国的根本利益。明眼人可以清晰地看出中国在处理中菲关系时的谨慎宽容和念及民生。在两国关系艰难的 2015 年,在中国与亚洲国家贸易下滑 7.8%、与东盟国家贸易下滑 1.7% 的背景下,中菲贸易逆势增长再创新高,达到 456.5 亿美元,同比增长 2.7%。中国目前已然是菲律宾第一大进口来源国、第二大贸易伙伴和第三大出口市场。而且,两国间在产业内和产业间的互补优势明显,经济增长潜能巨大,投资合作前景广阔。相比某些国家给阿基诺三世开出的空头支票,中菲间产业互补优势、经济增长潜能和投资合作前景,才是务实、共赢的合作正道。

20 世纪 80 年代,中国领导人邓小平在先后会见菲律宾副总统劳雷尔和总统阿基诺夫人时提出和平解决南沙群岛争端的总体思路,即"搁置争议、共同开发"。之所以能形成这样有建设性的共识,是基于双方都认识到,虽然有困难,但希望远比困难多;虽然有分歧,但共同利益远比分歧大。有合作才有希望,共求发展才是出路。只要菲方珍视历史,正视现实,及时走出一些域外势力挖设的陷阱,"解铃"就不再是难事。

（据新华社北京 2016 年 7 月 1 日电

新华社记者　凌朔）

仲裁案抹不去的历史性权利

——四论南海仲裁案及南海问题

细究菲律宾向南海仲裁案仲裁庭递交的仲裁事项,可以看出行文中多处试图掺入混淆概念的说辞,目的是想否定、抹杀中方主张的历史性权利,但反而暴露其无知和偏颇的各种破绽。

破绽之一是"断章取义,胡搅蛮缠"。

菲律宾在诉状中称,《联合国海洋法公约》(以下简称《公约》)从未存在历史性权利的说法。

这一诉求无疑是片面解读《公约》内涵。实际上,《公约》多个条款反映了"历史性海湾""历史性水域""历史性所有权"等概念。其中,第十五条涉及海岸相向或相邻国家间邻海界限的划定条款明确写道:"如果两国海岸彼此相向或相邻……如因历史性所有权或其他特殊情况而有必要按照与上述规定不同的方法划定两国领海的界限,则不适用上述规定。"

《公约》第三部分"用于国际航线的海峡"、第四部分"群岛国"相关条款中,也对非沿海国的历史上的航行、通过权利作出了承认。

有学者认为,中国主张的历史性权利可以认为是从《公约》有关"历史性海湾""历史性水域"中析出,历史性权利也与《公约》一些条款的概念相互交错。可以说,《公约》为中国的主张提供了有力支持,而不是相反。

破绽之二是"罔顾判例，臆断法理"。

菲律宾声称，中国所提到的历史性权利"被《公约》的制定者明确拒绝并被《公约》废除"。菲律宾企图暗示历史性权利不应纳入国际法的范畴。

但事实是，无论哪一种权利都不可能突然地瞬间形成，今天所有权利都是对过去权利的继承、部分继承或参考性继承，历史上形成的权利无疑应当受到国际法尊重。

多起国际司法实践也为历史性权利的法律表达提供了例证。其中最经典的当属挪威与英国1949年的渔业案，这一案件与历史性权利相关，现已成为涉及海洋权益的经典国际司法案例。

挪威沿岸峡湾渔业资源丰富，自古以来是当地居民的主要生活来源。而在20世纪初，英国装备拖网渔船出现在挪威海岸外海域，影响当地渔业，屡屡产生摩擦。1935年，挪威王室颁布敕令，依照历史传统划定专属渔区。而英国认为，挪威划界方法没有依照国际法规定，划定区域超过范围，将挪威告上国际法院。

国际法院作出判决，驳回英国的要求，判定挪威敕令划定渔区有效。其中重要一点原因是，挪威王室的敕令是依照历史上的划界体系，自1812年以来挪威政府已多次申明，这一事实得到了国际社会的默认。法庭还指出，尽管挪威划定的部分基线明显偏离海岸，但这部分水域的取得归因于历史性权利。

除此之外，突尼斯—利比亚大陆架案、萨尔瓦多—洪都拉斯丰塞卡湾案等司法案例都涉及了反映历史性权利的特性。丰富的案例也表明，"历史性权利"在国际司法实践中理应是一大考量因素。

破绽之三是"以其昏昏，使人昭昭"。

仲裁申请中提到，菲方认为中国的南海断续线缺乏同历史的联系，且声称中国对海域的历史性权利为 2009 年提出的新主张。但事实是，中国最早发现、命名、开发和经营南海诸岛，中国人在南海上的航行、贸易、管辖已有 2000 余年历史，为历史性权利提供了坚实的证据。

法国学者弗朗索瓦·吉普鲁在其著述《亚洲的地中海》中指出，东南亚被西方殖民者入侵以前，南海上的贸易由中国远洋船只开展，官员和船员都是中国人，中国贸易体系指导着那时的南海贸易规则。

唐代以来，中国对南海形成明确的管辖。南宋《诸蕃志》记载，唐朝把南海划归振州管辖，南宋为"琼管"，至明清两代，南海诸岛隶属于广东省琼州府。经过中国历朝历代官方与民间的推动、培育、捍卫与维护，以南海为通道、为平台、为网络，带动周边国家走向共同的贸易和经济繁荣。

历史无从否认，也不容否认。无论是仲裁还是诉诸其他法律手段，通过何种伎俩包装、解说，中国主张的历史性权利就摆在那里。裁决与否，历史以及历史赋予的权利都是铁的事实。

"以己之昏昏，焉能使人之昭昭。"菲方所提仲裁申请既无视历史经纬，又罔顾现实案例，恐怕只能与仲裁案本身一道沦为历史笑柄。

（据新华社北京 2016 年 7 月 2 日电

新华社记者　张远）

美国在南海问题上需"心态再平衡"

——五论南海仲裁案及南海问题

20世纪六七十年代之前,南海问题不是问题,中国对南海诸岛的主权没有受到任何国家的质疑和异议。后来,正是美国几位科学家发布报告,宣称南海拥有极为丰富的油气资源,这才"挑"起一些国家对南海的觊觎。

此后几十年,一些南海周边国家陆续侵占南海岛礁,但好在相关的双边对话与谈判机制从未中断,南海总体局势稳定。2002年,中国与东盟国家达成《南海各方行为宣言》,并在2013年启动了"南海行为准则"磋商。

但此后美国又按捺不住,并在2009年推出"亚太再平衡"战略,频频"挑动"和制造所谓"南海紧张局势",处处"插足"地区相关事务,打破了南海原有的平静与和谐。美国"唯恐不乱""浑水摸鱼"的心态昭然若揭。

早先,美国对南海主权争议不持立场。但在2010年,时任美国国务卿希拉里·克林顿称,"南海岛屿主权争议事关美国国家利益";现任国务卿克里则更进一步,直接指责中国在南海的行为可能"引爆火药桶"。但事实上,正是美国把"火药桶"搬到了南海:一边挑拨中国东盟关系,制造"中国威胁论";一边借机加强军事部署,强化军事同盟。

对美国而言,搞合纵对抗中国、拉同盟抵制中国、造舆论诋毁中国,恐怕才真正事关美国的"国家利益"。这是面对一个在和平发展中快速成长的地区大国,以及面对一个在和平发展中迈向一体化的地区时,美国人的心态。

为了掩饰"病变"的心态,美国在南海地区抛出"自由、法治、安全"这三张老套的"话语牌",靠伪装掩饰,靠偷换概念,靠空头支票,公然在南海问题上制造事端。

美国的"自由"牌是打出所谓的"航行自由"权。

在美国介入南海之前,每年大约10万艘各类船只从未在南海遇到"不自由"的问题,正是南海的自由航行传统支撑着全球一半以上的海上贸易。但美国自2015年开始,打着维护南海"航行和飞越自由"旗号,多次派军舰抵近甚至进入中国南沙有关岛礁邻近水域,频繁派军机飞越南沙有关岛礁邻近空域,这绝对是横行霸道与挑衅行径。

美国的"法治"牌是粉饰所谓的"捍卫国际法"。

美国迄今未加入《联合国海洋法公约》(以下简称《公约》),旨在最大程度维护美军力量出入各大洋的自由和机动性,采取单边海上行动,防止其他沿海国"海洋主张",挑战美国海洋霸权。1979年,美国抢在《公约》签订前推出所谓"航行自由计划",在国际海洋法框架外制定和主导"美式海洋霸权",广大发展中国家成为美国"航行自由计划"的受害者。美国的"法治"主张,绝对是自利与霸权行径。

美国的"安全"牌是宣扬"中国威胁论",推销"美国保护伞"。

为了推广美国的战略意图,让东盟国家落入美国布置的战略陷阱,同时更好地推销美国军火,美国在东南亚制造"南海紧张论"、宣扬"中国威胁论"、推销"美国保护伞"。过去几年,美国把半数以上军舰部署到太平洋地区,强化美日、美菲同盟,频繁在南海及南海附近水域搞军演,不断诱压盟国或伙伴在南海搞针对性极强的"联合巡航",高频调动航母出没亚太地区,试图以军事威慑手段制造一种"安全引力",拉拢更多相关国家投靠美国这座"大山"。这绝对是美国的黩武与好战心态。

"亚太再平衡",自始至终,都在反映美国的心态。美国将崛起的中国视为其全球霸权的"主要挑战者",在南海问题上不惜"赤膊上阵"、炫耀武力。至于南海仲裁案,无非是美国介入南海问题的躯壳,刚好可以成为美国"三张牌"的伪装衣。

美国自以为掩饰得天衣无缝的招数,被有识之士一眼看破。

美国著名律师布鲁斯·费恩指出,美国当前的南海政策体现了"危险的帝国思维",跑到南海去渲染"中国威胁"除了加剧地区紧张、给亚洲国家发出错误信号外,美国只会一无所获。

中国国防大学战略研究室教授韩旭东认为,美国频频调动航母出没于亚太地区,意在推动亚太地区某些国家倒向美国,或减小某些国家离心于美国的倾向。这种运用军事手段的做法,正是美国"贼喊捉贼的惯用伎俩"。

西班牙智库加利西亚国际关系研究院院长胡里奥·里奥斯说,美国以维护所谓的"南海航行自由"为由,频频向南海地区派海空力量,践踏了《公约》中关于必须遵守沿岸国家法律和法规的规定,大大提高了该地区发生军事事件的风险。

美国国际问题专家、美国《全球策略信息》杂志华盛顿分社社长威廉·琼斯认为,美方鼓励菲律宾方面更加强硬地展开声索,这已背离美国声称的在南海问题上不选边站队的立场。

将南海变为地缘政治的博弈场对任何国家都没有好处,给政治问题披上所谓国际法的外衣只会搅浑一池清水。巴尔干、海湾、阿富汗、伊拉克、利比亚历史中的美国形象有目共睹。美国要想在亚太地区发挥建设性作用,需要"心态再平衡"。

（据新华社北京 2016 年 7 月 3 日电

新华社记者　杜白羽）

日本想在南海扮演什么角色

——六论南海仲裁案及南海问题

南海的平静让个别域外势力焦虑得如坐针毡,南海的些许波澜让个别域外势力激动得坐立不安。它们把阿基诺三世政府推到前台,挑衅中国,它们打着"海洋法治"之名,行搅乱地区和平之实,意图火中取栗、实现其政治和军事野心。

日本当局在南海问题上正在扮演这么一个不光彩的角色。

东京插手南海问题意图清晰、特征明显。

一是蓄谋已久,有备而来。

早在 2012 年 6 月,美国智库战略与国际问题研究中心举办的"南中国海海上安全"年会上,时任联邦参议员约瑟夫·利伯曼公然鼓吹,要借助多边框架甚至让包括仲裁等手段在内的外部力量介入南海问题。与会的日本外务省所辖"国际问题研究所"研究员小谷哲男发表"惊人之论"呼应称,他与日美军方讨论过在南海展开"联合监视行动"的可能性。

2012 年 12 月,安倍政府上台。翌年 1 月,阿基诺三世政府单方面提起南海仲裁案,日本当局"见猎心喜",不断与阿基诺三世政府眉来眼去。此后至今,日本通过外交、舆论、法律、外援、军事等多种手段从外围构建南海问题"对华包围圈";在国际会议、双边会晤、国际论坛等各种场合见缝插针，就南海问题煽风点火，唯恐天下不乱。2016 年 5 月，日本借主办七国集团峰会之利，夹带私货，"捆绑"与会领导人，针对南海问题鼓吹所谓"海洋法治三原则"。军事上，日本制定新安保法，强化日美军事同盟，向南海沿岸相关国家提供巡逻监视装备和能力建设培训，直至自卫队舰机频频现身南海周边区域。其所作所为正在从渲染紧张升级到制造紧张。

二是动机不良，居心叵测。

在南海问题上，安倍政权表面上打着维护海洋"法治"的旗号，其真实动机根本没有这么高尚。同样是那位小谷哲男，曾在 2015 年撰文承认《联合国海洋法公约》有些部分是相关国家妥协的结果，存在模糊不清之处，但他同时鼓吹日本应该通过外交等手段强化和主导在亚洲的"海洋法治"，显然是想按日本的角度和利益来解释和套用"法治"。《日本经济新闻》2016 年 2 月披露，在美军舰机频频以"航行自由"之名侵扰南海相关水域之际，日本政府居然还敦促美方"进一步增加派遣舰船等的频率"。

2015 年 9 月，日本新安保法通过后，日本试图将南海作为海外派兵"试验地"的居心也越发明晰。前自卫队舰队司令香田洋二声称："从确保海上交通线安全的角度，（南海）也会直接影响到我国，日美应制定共同应对方针。"而日本当局最大的动机显然是如何利用南海这张牌遏制中国。自卫队干部出身的自民党参议员佐藤正久公然鼓吹，要利用解禁后的集体自卫权构建"南海防御同盟"对付中国。

日本插手南海的另一动机是"围魏救赵"，企图借此减轻日本在东海和钓鱼岛海域的压力，并趁机加快在冲绳本岛及周边离岛的军事部署。

三是双重标准，自己打脸。

日本当局口口声声将"海洋法治"挂在嘴上。然而，最近的一些动作充分暴露了日方在这个问题上的双重标准：日本一面质疑南海岛礁属性，一面却对"冲之鸟"岩礁的属性避而不谈，且在大陆架界限委员会驳回"冲之鸟"案后无动于衷，依然自我划设"专属经济区"，并据此不当扣押他方作业渔船和船员；日本一面追随美国鼓吹在国际水域的"航行自由"，一面却对他国舰船正常通过吐噶喇海峡等国际海峡暴跳如雷；日本一面指责岛礁建设破坏南海环境，一面却罔顾福岛核电站不停地向海洋释放核污水；日本一面指责中方"单方面"改变现状，一面却对菲律宾等国很早以来就非法侵占南海岛礁的事实置若罔闻；日本一面把自己树为"国际法"标兵，一面却在伊拉克战争等严重践踏国际法的事务中追随美国。

日本的"选择性法治"，只能说明一点，日本当局在南海问题上的根本动机无关符合大局的"法治"，而是如何联美"治华"。至于日本什么时候祭出"国际法"，怎么操弄"国际法"，明眼人一看只能"呵呵"了。

四是罔顾前科，执意生乱。

日本与南海颇有历史渊源，然而这更多是一种罪恶而不光彩的渊源。早在 1907 年，日本政府就纵容商人西泽吉次染指东沙群岛。1939年，日本侵占南海诸岛，并将南沙群岛划归已被日本殖民的台湾高雄管辖。太平洋战争期间，日军在南沙群岛建立了海军基地，并以此为跳板，对当时的印度支那、新加坡和印度尼西亚等地发起攻击。第二次世界大战后，中国政府依法、公开收复南海诸岛。

照理说，有过这样的历史前科，日本在比照现实时，在涉及地区安全和稳定的大是大非问题上应该保持足够的谦卑和自制，而不是猛刷"存在感"，甚至重拾当年日本帝国"炮舰外交"的历史旧梦。可以说，日本当前在南海的这一姿态，与其战后在历史认识问题上的不彻底、不真诚息息相关，也与日本国内政治和社会氛围日益回归战前的保守化思潮同出一源。

日本还口口声声称,南海是世界贸易的大动脉,是日本的"海上生命线"。既然如此,日本为何不多做有助于局势稳定的事情,反而到处挑拨,推高紧张态势?难道各国舰机的密集游弋让南海更安全了?

除了日本,也有一些域外势力,出于各种各样的动机,对南海问题评头论足。有些是出于对事实偏听偏信,有些是迫于美国压力,有些是出于对中国发展的误读误解。他们中的大多数,相信通过增信释疑,在了解南海问题的是非曲直后,会有更理性更公正的看法。而对于日本这样明显带着恶意插手南海者,恐怕最终只会搬起石头砸自己的脚。

（据新华社北京 2016 年 7 月 4 日电

新华社记者　冯武勇）

南海仲裁案是贻害东盟的"毒药"

——七论南海仲裁案及南海问题

菲律宾前总统阿基诺三世政府单方面提起南海仲裁案,用一种不守信约、违反法治、侵犯权利、谎话连篇、不负责任的方式,不仅严重损害了中菲关系、伤害了中菲人民之间的感情、破坏了国际法治和地区秩序,还把域外势力引入本地区,使原本有平台、有机制、有程序、有规则的南海问题解决思路变得复杂化、国际化、无序化和矛盾化。

南海仲裁案和域外势力介入地区事务的直接结果,不仅损害中国的利益,更拖累东盟陷入前所未有的被动境地。

危害之一,南海仲裁案伤及东盟在一体化进程中的向心力和凝聚力。

过去几年,东盟一体化进程进展顺利,以政治安全、经济及社会文化为三大支柱的东盟共同体 2015 年年底正式成立,东盟也确立了在未来 10 年沿着合作与发展主轴迈进的思路,使东盟国家间培育出非常有利于共同发展的和谐主基调。

但南海仲裁案的出现,特别是美国等域外势力在东盟内部拉集团、搞分化,使东盟内部分歧突出、互信受损。近期,东盟几次不同层级的碰头会都因仲裁案问题争议纷纷、不欢而散。就连一些非官方的专家学者会,东盟内也难有一致、互驳频频。原因是,东盟不同国家对南海问题的态度和立场存在较大差异,不同国家对于东盟某一成员提起仲裁的方式看法不一,不同国家对于域外势力介入并左右东盟成员的行径看法不一。

危害之二,南海仲裁案伤及东盟既有的规则和程序。

从 1967 年成立东南亚国家联盟,到 2015 年推动东盟共同体,政体、社会、宗教、文化差异极大的东盟成员国本着平等与合作的精神一路走过半个多世纪,在各种碰撞、激辩以及包容、吸收中建立起自己的规则与程序,形成强调平等和协商一致的"东盟方式"。建立在共识基础上的成果,为东盟所接受和推广。在南海问题解决方式上,"双轨思路"就是由东盟国家提出、受到中方倡导的一种规则与程序的成果,它既是中国和东盟国家在《南海各方行为宣言》(以下简称《宣言》)中达成的重要共识和作出的庄严承诺,也是当前妥善处理南海问题最现实有效的途径。

但南海仲裁案的出现,单方面撕毁了《宣言》,否定了"双轨思路",损害了"东盟方式",这不仅是对东盟集体承诺的违背,更是对东盟协商成果的抹杀。不仅如此,近两年来,个别国家与域外势力一道炒作南海问题,使本该以政治安全、经贸合作与文化交融为主题的东亚合作领导人系列会议和外长会等重要场合成为南海问题的激辩所,东盟的议程任务和阶段目标正在被搅乱。

危害之三,南海仲裁案伤及东盟的区域安全。

早在 2004 年 11 月,第 10 届东盟首脑会议就通过了《东盟安全共同体行动纲领》。此后,在历次涉及的安全议题上,东盟各国领导人确立了以共同打击恐怖主义、打击海盗、维护马六甲海峡安全等议题为核心的东南亚地区安全机制。过去 10 年,这一地区安全机制在处理东盟国家之间的边界争端、海上摩擦等问题上发挥了积极的作用。

但南海仲裁案的出现,打破了原有的安全格局。一些域外势力频繁游弋于南海附近区域,在给个别东盟国家带来所谓"安全感"的同时,更多的是增添了其他一些东盟国家的"不安感"。特别是美国向南海派出航母巡航,日本向菲律宾等国提供巡逻船只,更加引起其他东盟国家关于"军备竞赛"的遐想。域外国家为了自身利益将南海搅浑,而域内国家最终要承担一切后果与损失。不用回首很远的历史,今天的阿富汗、伊拉克、利比亚,无一例外地落入某些域外大国千篇一律的干预陷阱:借口介入、激化局势、制造危机、从中牟利,最终抽身泥潭,留下一个贻害地区的烂摊子。

基于"双轨思路",东盟国家是维护南海和平与稳定的重要参与者。长期以来,东盟国家都主张通过和平协商、促进合作的原则指导南海问题的解决。即便是在 2016 年年初美国以高规格、破天荒的姿态邀请东盟国家领导人赴美召开特别峰会的场合,东盟国家也在美国—东盟联合声明中坚定地作出了让美国不很开心、不很如愿的表述:"坚持和平解决争端的立场,反对诉诸威胁和武力,坚持维护地区和平、安全与稳定。"

大多数东盟国家深悉,南海仲裁案已经并仍在给东盟制造不安与不稳。大多数东盟国家也深悉,域外势力的介入动机不良、包藏祸心。

马来西亚海事研究院总监陈勇清在接受新华社记者采访时说,域外势力大张旗鼓在南海搞"自由航行"的意图不会奏效,却会激化局势。新加坡南洋理工大学拉惹勒南国际研究院高级研究学者胡逸山则一语道破:协商谈判才是解决南海问题的最优方式。

东盟曾经通过内部谈判,解决了许多成员国之间的划界问题,这证明,对话协商才是正道;东盟内部仍有不少主权纠纷悬而未决,但这丝毫没有影响东盟的整体发展与合作,这说明,搁置争议、共同开发的智慧并不过时。单方面的强制仲裁非但不是解决争端的"灵丹",而且,一旦被人利用,只会成为贻害地区的"毒药"。

（据新华社北京 2016 年 7 月 5 日电

新华社记者　凌朔　林昊）

南海真相不容西式"刀笔"歪曲

——八论南海仲裁案及南海问题

在南海问题上,一些西方媒体不遗余力地制造"新闻",试图用谎言掩盖真相,用偏见误导舆论。《华尔街日报》等个别西方媒体近日称"只有八个国家支持中国在南海仲裁案上的立场"就是一例歪曲事实的典型。

打开在西方读者中颇有市场的美国《国家利益》杂志官网,搜索"南海"一词,依次显示的新闻标题令人瞠目:《中国伪造南海"共识"》《中国主导南海的秘密战略》《印度尼西亚在南海问题上不向中国低头》《中国不计后果的南海战略不会奏效》《南海冲突撕裂东盟》……几乎所有南海相关新闻都呈现"政治标题党"特征,表述极端,观点偏颇,尽显放纵的"自由"和无度的狂言,丝毫不见一个大国媒体起码的负责任言论。令人遗憾的是,类似以"腔调见长"的媒体文章不仅颇有市场,甚至还经常被美国官员引用和利用。

另有一些媒体,素以"细节见长",从细微处动手脚,潜移默化间偷梁换柱,最终使新闻事实差之毫厘谬以千里,严重误导读者认知。不少西方媒体在提及中国在南海的主张范围时总要习惯性地加上"几乎所有南海海域"这一表述,个别媒体甚至直接污指中国主张的是"全部南海海域"。阅读量可观的日本"外交学者"网站、美国"商业内幕"网站、

《华盛顿邮报》等媒体还频繁在报道中提及中国要把南海变成"内湖""中国湖""北京湖"等，渲染耸人听闻的概念，以期扭曲事实，误导大众。

更有一些媒体，干脆红口白牙捏造假象，给中国泼脏水、贴标签。美国福克斯新闻、《华尔街日报》《纽约时报》等媒体一年多来热衷于炒作"南海军事化""自由航行"等话题，其意图无非是给读者营造一种南海局势紧张的假象，给美国插手南海找由头、立靶子。《纽约时报》2015年10月12日发表一篇题为《美国告诉其亚洲盟友美国海军会在南海岛屿附近巡航》的文章，则更是一个挑拨中国与东盟国家关系、煽动蛊惑紧张气氛的典型案例，媒体节操碎了一地。

美日一些智库则打着学术研究的名义，与这些媒体配合默契，源源不断地输送南海议题的"炮弹"。以美国的战略与国际问题研究中心为例，2011年起，几乎年年就南海问题举行"年会"、发布报告、公布卫星照片等。而这家智库背后的"金主"之一正是日本，麾下多名研究人员以"日本通"自居。

正是在这样的西方舆论环境下，菲律宾单方面提起的南海仲裁案被大肆炒作。一些西方媒体借仲裁案指责中国"藐视国际法"，却只字不提美国至今不愿加入《联合国海洋法公约》；一些西方媒体指责中国"不守规则"，却选择性忽略仲裁庭扩权、越权、滥权、违反国际法的事实；一些西方媒体信誓旦旦地搬出海洋法专业术语，却刻意屏蔽或假装不懂中方陈述的种种历史和国际法依据。

普通西方读者很难对一些西方媒体特别是霸占话语权的大牌媒体的报道内容鉴别真伪，但这并不意味着这些经过精心巧妙包装的"伪新闻"能够蒙蔽住有学术专业性和新闻鉴别力人士的双眼。

加拿大滑铁卢大学政治学教授戴维·韦尔奇近期就在国际公开场合批驳西方媒体在南海问题报道上有失公正、望文生义、误导公众。他说,一些西方媒体在报道南海问题时,"中国有进攻性的行为""中国进攻性的吹填作业""中国威胁航行自由"这类话语张口就来,致使读者自然而然对南海问题形成标签化的印象。他建议西方媒体应参照中国官方的表述,做到平衡公正。

美国东西方研究所研究员格雷·奥斯汀2015年以来连续撰文,批驳一些媒体关于"中国在南海进攻性地填海造岛"的说法。他援引美国参议院外交关系委员会文档数据,对中国和其他周边国家在南海的活动进行对比,认为"进攻性"一词很不客观。他说,如果相关媒体深入研究这一问题,就会理解为什么中方说自己一直在保持克制。

美国外交政策分析师本·雷诺兹日前也公开撰文批评《纽约时报》,指出该报近期一篇社论严重夸大中国对本地区其他国家和美国构成的威胁。他说:"用有选择性的内容和真假参半的报道描述美中在南海对抗并以此误导美国公众是美国国防部干的事情,不该出自媒体之手……这只会造成美中人民的对立。我们有责任纠正这些错误和危险的论调。"

笔下有硝烟,西媒当自重。

(据新华社北京2016年7月6日电
新华社记者　凌朔)

南海不是美国冷战思维试验田

——九论南海仲裁案及南海问题

南海仲裁案由菲律宾阿基诺三世政府单方面提起,但绝非其自导自演的一出"独角戏"。舞台幕后,美国为其出谋划策、指点支招已是不争的事实。美国不仅拿菲律宾当枪使,更在逐步介入南海的过程中掺入冷战思维,借南海局势拉帮派、组集团、搞对立。

作为域外国家和非南海问题当事国,美国这种冷战思维不光体现在南海仲裁案上,更表现在近年来在南海的一系列外交和军事动作上,乃至更为招摇的"亚太再平衡"战略上。深入剖析,美国冷战思维早已超越口头或观念层面,正在试图将南海变成为一块新的试验田。

表现之一:竖立标靶,根据自身战略和安全需要,捏造或渲染威胁。在南海问题上,美国不断把中国在南海主权范围内的正当行动说成是对地区局势乃至国际社会的威胁,无中生有地炮制和渲染所谓的"航行自由"。美国选择插手南海仲裁案的一大目的,也是想借机施压和抹黑中国。

表现之二:强权政治,选择性地强加所谓的"原则"。美国国防部部长卡特 2016 年 5 月在演讲中批评中国在南海挑战美国"基本原则",声称中国正在南海构筑"自我孤立的长城"。然而,对比美国在南海地区的实际做法,卡特口中的"原则"不由得让人怀疑。美国在要求中国遵守《联合国海洋法公约》（以下简称《公约》）时，自己却拒不加入《公约》；美国在指责中国在南海吹填造地时，但经常"自动无视"其他南海权益声索方的类似行动。

表现之三：挑起争端，从中渔利，借以推行本国战略。南非政治评论员香农·易卜拉欣注意到，2009 年之前，南海局势一直可控，中国寻求与相关国家对话，并倡导共同开发，然而美国政府 2009 年提出"亚太再平衡"战略，旋即紧张态势升级，"毫无疑问，美国一直是导致紧张加剧的幕后黑手"。更进一步看，深度介入南海局势，本身已构成美国"亚太再平衡"的重要组成。

表现之四：耀武扬威，挑战他国的领土和海洋权益。近一段时期，美国军方打着"航行自由"的旗号，在南海区域动作频频。2015 年 10 月，美方派"拉森"号军舰进入我南沙群岛有关岛礁邻近海域；2015 年 12 月，两架美国 B-52 战略轰炸机擅自进入我南沙群岛有关岛礁邻近空域；2016 年 1 月，美国军舰又抵近我西沙群岛最南端的中建岛附近海域。与军事动作相呼应，防长卡特、美军太平洋总部司令哈里斯等美国军政高官不断发表有关南海问题的强硬讲话，炫耀武力优势，进而为政治和外交行动开辟通道和提供后盾。

放眼全球，不仅是南海和亚太地区，在世界其他地区也不难发现美国冷战思维的影子。虽然冷战结束已经 20 多年，但美国决策层似乎依然停留在冷战思维、零和博弈的旧框框内，沾沾自喜而不能自拔。

比如在欧洲大陆，美国主导的军事组织北约自冷战结束后不断东扩，蚕食和挤压俄罗斯的战略空间，极大改变了地缘政治格局，打破战略稳定，最终引发了乌克兰危机。美国在欧洲部署岸基"宙斯盾"反导系统的同时，加大研发"全球即时打击系统"等远程精确打击武器，背后无非是追求所谓绝对安全的冷战思维。

从根本上说，美国推行冷战思维，是为了维持全球唯一超级大国地位,继续推行霸权主义。也因此,美国往往为了一己之私,无视各国安全不受减损的安全基本原则,甚至企图以牺牲他国安全换取自身安全。

事实证明,南海问题也好,其他地区安全问题也好,美国式冷战思维不仅无助问题解决,反而成为局势不断恶化和加剧的元凶。对抗和遏制只会加剧大国之间的博弈和对抗,只会破坏各个地区的稳定与繁荣。

全球化时代,各国安全相互关联、彼此影响,没有一个国家或集团能凭一己之力谋求自身绝对安全。新形势下,国际社会应该树立共同、综合、合作、可持续安全的新观念,共同营造公道正义、共建共享的安全格局。抱残守缺的冷战思维,究竟能给这个世界带来什么?美国该好好反思了。

（据新华社北京 2016 年 7 月 7 日电

新华社记者　张伟）

对话协商才是解决南海问题的正道

——十论南海仲裁案及南海问题

在南海问题上，对话协商才是正道。中方倡导"双轨思路"，正是着眼于以和平方式、协商解决南海问题。

"双轨思路"，即有关争议由直接当事国通过协商谈判妥善解决，南海地区和平稳定由中国和东盟国家携手共同维护。在中国的积极推动下，中国与东盟国家早在 2002 年就达成和签署了《南海各方行为宣言》（以下简称《宣言》）。《宣言》明确由直接当事国通过谈判协商解决有关争议。

遵循"双轨思路"，直接当事方可先行探讨共同开发，有效管控分歧的办法；而后，可通过友好协商，寻找能为彼此接受且行之有效的解决争议办法。中国和东盟国家则可通过合作，全面有效落实《宣言》内容，推进"南海行为准则"磋商进程，并进一步探讨包括中国在内的南海各沿岸国开展合作的新途径。

"双轨思路"完全符合《联合国宪章》所倡导的通过谈判协商和平解决争端宗旨，也完全符合《宣言》精神，因此，"双轨思路"是妥善解决南海问题最为现实、可行的办法。

南海仲裁案无疑是对"双轨思路"的背离。菲律宾单方面提起仲裁案就是无视中菲之间已经形成的通过谈判协商解决争端的共识和菲在《宣言》中的郑重承诺,无视中国作为主权国家和《联合国海洋法公约》(以下简称《公约》)缔约国享有的自主选择争端解决机制和程序的权利。

仲裁无法否认中国在南海的领土主权和海洋权益。一方面,中国在南海享有的主权和权益是在长期历史过程中形成的;另一方面,中国已根据《公约》的规定于2006年作出声明,将涉及海域划界等事项的争端排除适用仲裁等强制争端解决程序。

南海诸岛自古以来就是中国领土,维护自身的领土主权和正当合理的海洋权益,是中国政府必须承担的责任。中国人民热爱和平、崇尚睦邻友好,但这并不意味着中国要承受他国侵犯中国领土主权和海洋权益的后果。面对有关国家的挑战,中国在南海问题上一贯保持克制。中国被迫采取维护国家主权的举措有理有节、无可指责。

中国是南海和平稳定的坚定捍卫者,中国南海政策的出发点和落脚点都是维护南海地区的和平稳定。多年来,在中国和南海沿岸国共同努力下,南海局势总体和平,航行和飞越自由从来没有问题,将来也不会有问题,因为首先中国最需要南海航行通畅。

中国将坚持同直接当事国在尊重历史事实的基础上,根据国际法,通过谈判和协商解决有关争议。中方有信心,也完全有能力,同东盟国家一道维护好南海地区的和平稳定。

中国始终将周边置于外交全局的首要位置,坚持奉行睦邻、安邻、富邻的周边外交政策,坚持践行"亲诚惠容"的周边外交理念,以促进周边国家和地区的和平、稳定、发展为己任。中国推动建立以合作共赢为核心的新型国际关系,推动建设人类命运共同体,都是从周边先行起步的。

实现持续快速发展,不仅是亚洲地区国家的最大公约数,也是当前亚洲各国政府面临的最重要课题。地区的发展需要一个和平稳定的环境,域外国家在这点上应予以理解和尊重。中方欢迎域外国家参与亚洲的和平发展事业,并为此发挥积极作用。少数国家为谋求自身战略利益,试图将南海变成大国角力场。这不仅背离时代潮流,也不符合南海周边各国人民的最终福祉和利益。

南海地区要和平不要战争,要对话不要对抗。这是大势所趋、民心所向。

（据新华社北京 2016 年 7 月 8 日电

新华社记者　凌德权）

第四部分　五评南海"仲裁结果"出炉

　　"一评"戳穿美国和其他个别西方国家利用南海仲裁案终结中国发展战略机遇期的战略企图;"二评"直言南海不是加勒比海,亚洲不需要"门罗主义";"三评"揭露仲裁庭滥用国际法、破坏国际规则;"四评"直指仲裁庭的欺世盗名本质;"五评"宣示中国立场。

践踏国际公理的荒谬"裁决"

——一评南海"仲裁结果"出炉

当地时间 2016 年 7 月 12 日,设在荷兰海牙的南海仲裁案仲裁庭"如期"公布所谓仲裁结果。这是一个践踏国际公理的荒谬裁决,一个破坏南海及亚太稳定与秩序的荒谬裁决,激起了中国人民和世界上所有尊重国际规则人们的强烈义愤。

冗长的"裁决书"掩盖不了其法理的缺失,煞费苦心的语言遮不住裁决的荒谬。

荒谬之一是,所谓的南海仲裁案知法违法,仲裁本身就是对国际法的背离。由菲律宾阿基诺三世政府单方面提起的所谓仲裁,扭曲《联合国海洋法公约》(以下简称《公约》)宗旨,挑战作为地区规则的《南海各方行为宣言》,打着法治和规则旗号违背法治和规则。仲裁案在程序、实体、法律、证据适用方面牵强附会,漏洞百出,这一扩权、越权、滥权的仲裁庭根本就没有管辖权,罔顾法律和事实的裁决自然也是无效的。

荒谬之二是,所谓仲裁有损国际法的公平公正,沦为一些国家和势力的"代理人"与"棋子"。仲裁庭一味接受菲律宾阿基诺三世政府的非法无理主张,偏离了第三方程序应有的公正立场与审慎品格。仲裁案菲方首席律师、美国人保罗·赖克勒未卜先知,提前多日向媒体预报仲裁结果,让国际舆论大哗。有海外媒体认为,仲裁庭已经沦为"美国牵着线的木偶"。

荒谬之三是,所谓裁决破坏了地区安全秩序和对话机制,不是稳定亚太而是搞乱亚太,属于"添乱"。

总之,仲裁庭置《公约》基本原则于不顾,置国际政治常识于不顾,强行作出所谓裁决,开创了一个危险的先例。究其本质,所谓仲裁,不过是一场由个别势力精心策划的闹剧,所谓裁决结果不过是一张废纸。中国早已表态,"不接受、不参与和不承认"该仲裁庭作出的任何裁决。中国的立场得到众多国家政府和国际组织的公开支持。

但是,国际上总有一些势力不会善罢甘休,不希望闹剧就此收场,更要拿这张废纸来做文章,要把事搞大,在南海上掀起更高风浪。

越是浪高越坚定。我们应该清醒地认识到,这是西方妄图终结中国发展战略机遇期抛出的"捆仙绳",是西方企图遏制中国崛起的"绊马索",是中国迈向全球性大国道路上的"拦路虎"。因此,我们要保持高度的战略定力,不要中计,不要乱了阵脚。

南海诸岛是我们老祖宗留下的,任何人要侵犯中国主权和相关权益,中国人民都不会答应。中国不惹事,也不怕事,将有理、有利、有节地坚决维护自己的领土主权和海洋权益。我们坚信,乱南海者,无论多么处心积虑,最终将摆脱不了失败的下场。

(据新华社北京 2016 年 7 月 12 日电

新华社记者　吴黎明)

谁是操纵南海问题的"幕后黑手"

——二评南海"仲裁结果"出炉

"海上力量决定国家力量,谁能有效控制海洋,谁就能成为世界强国。"这是美国海军战略思想家、历史学家马汉在 19 世纪末提出的著名"海权论"。

100 多年过去了,马汉的话言犹在耳。

近些时日,过去一向比较平静的南海变得不平静了,甚至到了波涛汹涌的地步。表面上,是菲律宾阿基诺三世政府单方面鼓动的南海仲裁,而明眼人都心知肚明:幕后操控的黑手是美国。

这黑手,想把南海变成美国炮舰遛弯儿的加勒比海;这黑手,就是想牢牢把控亚太霸权不松手,把西太平洋划为自己为所欲为的势力范围。

回顾历史不难发现,从 1775 年独立战争开始,美国便以新兴强国的身份迅速崛起,200 余年间,以海权理论为依托,以强大海军为工具,将自己打造成为海洋强国,迅速将其海洋利益伸展至世界各地。

历史不会重演,但时常押着同样的韵脚。

中菲南海问题争议是中国与菲律宾间的争议,完全可以在双边的范围内通过谈判的方式加以解决。然而,万里之外的美国却尤为起劲,操弄国际法在南海问题上算计、抹黑中国。

一个很显然的例子便是美国官员的"未卜先知"。2016 年 6 月 22 日,美联社报道披露,美国国务院一名高官说仲裁庭裁决将可能"很大程度上将争议问题解释清楚"。人们不禁要问,为何美国政府会提前知道结果性质?答案恐怕只有一个,这是美国操纵的结果。

广阔的南海,所谓的"仲裁"是搅动乱局的"启动键",是美国亚太战略大棋局中的一步棋。

实际上,美国在南海地区一直坚持其拥有重大的政治、军事、经济和航运利益。尤其自 20 世纪 90 年代,中国的崛起让美国"忧患"意识越来越浓,南海问题也由此变得越来越突出。自 2009 年接连推出所谓"重返亚太""亚太再平衡"战略后,美国高调介入南海问题,鼓动将南海问题国际化,炒作"航行自由",加大在这一地区军事投入。这些都是为了给自己"抢滩"利益和维护在这一地区战略地位找理由。

英国的中国问题专家马丁·雅克认为,南海紧张局势是美国"重返亚太"战略引起的,该战略"在某种程度上显然是为了遏制中国的崛起",美国一直在扩大它在亚太地区的军事存在。

事实是,美国在抛出"重返亚太"战略后,近年来加紧布局:增兵澳大利亚达尔文港、进驻菲律宾苏比克湾、增加新加坡樟宜军事基地部署……根据美方规划,到 2020 年,美国海军 60% 的舰艇将部署在太平洋地区,六成空军海外军力也会逐步转至这一地区。

在南海仲裁案上,美国采取实用主义和投机主义,违背其在主权归属上保持中立的承诺,却口口声声以海洋法治的维护者自居。从总统到国防部,从政府到军方,多次公开力挺"仲裁"。然而,美国此时似乎得了"健忘症",它本身在《联合国海洋法公约》达成 34 年后仍拒不批准公约。

美国 2016 年 5 月初出版的《全球策略信息》杂志文章指出,目前菲律宾单方面提起的南海仲裁是对南海地区解决争议的主导方针的随意主观解读,而美国对菲律宾的支持更是将这一单边行动推向了难以挽回的边缘。

南海本无事,"黑手"生非之。如果美国真要把整个南海搞乱,那么不仅是南海周边地区国家遭殃,整个亚太的稳定与秩序都会遭殃。当今时代,无论怎么变化,主权和领土完整、不干涉内政、和平解决争端等国际关系基本准则都不能变。南海不是加勒比海,亚洲也不需要"门罗主义"。对于美国来说,停止给南海加温,还亚洲以平静,给海洋以正能量,才是正道。

(据新华社北京 2016 年 7 月 13 日电

新华社记者　柳丝)

国际法岂能滥用

——三评南海"仲裁结果"出炉

中国有句古话:"不以规矩,不能成方圆。"西方哲人也讲:"良好的秩序是一切美好事物的基础。"战后 70 多年,人类能够在和平发展的路上阔步前行,很大程度上受益于数百个国际条约划出的"方圆",各国在国际规则的方圆内处世行事,并形成相对井然的国际秩序。

然而,最近国际上却上演了一出滥用国际法、破坏国际规则的政治闹剧。2016 年 7 月 12 日,应菲律宾阿基诺三世政府单方请求建立的南海仲裁案仲裁庭公布了所谓最终裁决。且不说仲裁庭在组建和有关运行过程中存在的种种有悖程序正义的行为,更不用说这一仲裁机构在认定事实和适用法律方面存在的种种严重不当,单就其把手伸长到领土主权这一非管辖领域的逾矩之举,足以成为破坏国际法治的"坏榜样"。

犯罪学中有一个理论——"破窗效应",大概的意思是,如果有人打坏了一幢楼房的窗户,而这扇窗户又得不到及时维修,别人就可能受示范性纵容去打烂更多的窗户。不夸张地讲,南海仲裁案中种种滥用国际法的恶劣行径,如果得不到国际社会足够的警惕和谴责,一旦引起其他国家效仿,也将引发"破窗效应",轻之伤害国际法治,重之破坏现行国际秩序。

南海仲裁案可能引发的"破窗效应"之一,在其动摇通过谈判和平解决争端的国际信条。尽管这一信条白纸黑字地写在《联合国宪章》(以下简称《宪章》)、《国际法原则宣言》等国际文件里,菲律宾阿基诺三世政府偏偏对此熟视无睹,独出心裁地跳出来搞所谓南海仲裁案。这不仅违背了中菲之间的一系列共识,违反了《南海各方行为宣言》(以下简称《宣言》)的承诺,更扰乱了中国与东盟国家在协商一致基础上由全面落实《宣言》向制定"南海行为准则"迈进、逐步解决南海问题的向好势头。谈判协商是管控、化解南海争议的唯一正道,所谓"仲裁"是邪招、是歪路。

南海仲裁案可能引发的"破窗效应"之二,在其破坏国际法完整性和权威性。既然仲裁庭完全架空中国根据《联合国海洋法公约》第298条作出的排除性声明,那么俄罗斯、法国、英国等公约缔约国作出的此类声明是否同样有名无实? 既然仲裁庭完全无视国际法院在2007年对"承诺"一词法律含义作出的明确解释,自以为是地认定中菲通过双边谈判解决争端的承诺没有法律约束力,那么问题来了:仲裁庭和联合国主要司法机关国际法院谁更权威? 事实上,仲裁庭绝不是什么"国际法庭",更不是某些西方媒体所说的"联合国支持的法庭",充其量只是一个利用常设仲裁法院相关服务的临时拼凑的草台班子。

南海仲裁案可能引发的"破窗效应"之三,在其挑战以《宪章》为基石的战后国际秩序。领土主权不可侵犯是国际关系基本原则和国际法的根本原则,是国际关系稳定的基石。菲律宾的侵权行径,不但表现为非法侵占中国岛礁,更在其单方面提起并强行推进仲裁,破坏《宪章》所确立的主权平等原则。南沙群岛回归中国是战后国际秩序和相关领土安排的一部分,受《宪章》等国际法保护;否认中国对南沙群岛的主权,就是对战后国际秩序的否定,就是对以千万性命为代价换来的人类和平发展共识的亵渎。

中国是现行国际秩序的受益者,同时也是模范遵守者和坚定捍卫者。中国决不允许别人在自家门口生乱生战,人类社会也应牢记"两度身历惨不堪言之战祸"后立下的铮铮誓言,不忘初心,携手前行,共同建设一个和平、发展、繁荣的新世界。

(据新华社北京 2016 年 7 月 14 日电

新华社记者　郝薇薇　郑玮娜)

岂能任凭"草台班子"搅乱南海

——四评南海"仲裁结果"出炉

连日来，南海仲裁案仲裁庭公布所谓裁决，不仅仲裁结果之荒唐让世人震惊，其仲裁庭本身的可信度也受到广泛质疑，成为笑料。

先是联合国明确表示仲裁庭和它没有任何关系，接着国际法院也声明自己是完全不同的另一机构。人们都越发看清，所谓仲裁庭不过是拼凑起来的"草台班子"，其所作所为之离谱，已让此"裁决"注定成为国际法历史上一个臭名昭著的荒唐案例。

荒唐之一是，名头不正。南海仲裁庭位于司法之都海牙，乍一听非常唬人，但实际上它与联合国主要机构之一的国际法院毫无关系，与同样在海牙"和平宫"租地办公的常设仲裁法院也不是一回事。对此，联合国中文官方微博和国际法院官方网站均予以澄清。

实际上，仲裁庭是 2013 年菲律宾单方面提起仲裁后，由时任国际海洋法法庭庭长的日本籍法官柳井俊二操办组织的一个临时班底。这个仲裁庭不过是租用了"和平宫"的场地而已，并以此拉大旗作虎皮，让许多不明真相的人上当。

依据国际法实践，这类仲裁机制从设立到运行，都必须得到当事国同意，并充分尊重当事国意愿。然而，南海仲裁庭自始至终都未得到中国的认同，因此从根本上就是"师出无名"，欺世盗名。

荒唐之二是，选人有猫儿腻。仲裁庭由 5 名仲裁员组成，除菲律宾指派 1 人外，其他 4 人均由柳井俊二指派。如此人员构成，仲裁的公正性从何谈起？尤其是柳井长年担任安倍政府安保法制恳谈会会长，一直协助安倍解禁集体自卫权，其政治倾向和对华态度让许多人心中生疑。

更有甚者，柳井在仲裁庭建立之初竟然任命妻子是菲律宾人的斯里兰卡法官平托为仲裁庭庭长，后迫于批评压力才换人。连"出现利益冲突时选择回避"这条基本原则都能"选择性忽视"，令当时不少国际法专家都大跌眼镜。

仲裁庭的人员最终构成也"煞费苦心"。首席仲裁员来自加纳，长年生活在欧洲，其余 4 名分别来自德国、法国、荷兰和波兰，没有 1 名来自亚洲。不用说广泛的代表性，就连基本的平衡都没有做到。

荒唐之三是，牵涉金钱交易。事实表明，仲裁庭不仅收费，而且其中猫儿腻有些说不清。中国外交部副部长刘振民指出，这五名仲裁员是挣钱的，挣的是菲律宾的钱，可能还有别人给他们的钱，但可以肯定的是他们是有偿服务的。

让人啼笑皆非的是，菲律宾居然"大包大揽"，主动承担了仲裁庭要求中方缴纳但被中方拒绝的费用，而仲裁庭居然"笑纳"。

俗话说，拿人手短，一些仲裁员果然提供了"高质量的服务"。有海外媒体经调查发现，荷兰籍仲裁员松斯几年前还公开撰文认为岛礁的法律地位问题与主权、划界问题不可分，这次却主动推翻自己的观点。这些反常表现在国际仲裁中极为罕见，不免让人怀疑多少人是属于"拿钱办事"。

总之，无论从"名分""人选"还是"金钱"，仲裁庭的组成与运作颇让人生疑。在一个当事国不接受、不参与、不承认的情况下，接受另一当事国的金钱，对其本无管辖权的争端进行所谓仲裁，在程序和法律适用方面牵强附会,在证据和事实认定方面漏洞百出,最终造成了一个玷污法治精神和公平正义的恶劣案例。

名不正则言不顺,涉及金钱猫儿腻的裁决必有偏私,这是常识。由这样"草台班子"推出所谓裁决,何以代表国际法? 何以让天下人信服?

处处硬伤和拙劣表现再次证明,所谓南海仲裁案从头到尾就是一场披着法律外衣的政治闹剧。值得欣慰的是,越来越多的人已看穿了仲裁庭的本质。中国不接受、不承认所谓裁决结果得到国际社会正义之士的广泛支持。泱泱南海,绝不会让一个"草台班子"搅乱搅浑。

（据新华社北京 2016 年 7 月 14 日电

新华社记者　韩墨）

任凭事端起 中国有定力

——五评南海"仲裁结果"出炉

连日来,建立在菲律宾阿基诺三世政府非法行为和诉求基础上的南海仲裁案仲裁庭公布所谓的仲裁结果,让南海顿生事端。一个离谱的、荒唐的裁决让某些反华势力如同"打鸡血"般兴奋起来。

纷纷登场的有,作为域外国家却整天在别人家门口炫耀武力的"好武者",还有拉大旗作虎皮,拿着鸡毛当令箭的应声虫。

"不接受、不承认"——这是中国政府对所谓裁决的响亮回应。这既是为了捍卫中国的领土主权和海洋权益,也是为了维护《联合国海洋法公约》争端解决机制的有效性、严肃性和完整性。国际上的有识之士都很明白,这场披着法律外衣的政治闹剧,既不可能改变"旧格局",也不可能制造"新现实"。

任凭事端起,中国有定力。

定力来自中国捍卫国家领土主权和海洋权益的坚定意志和决心。南海诸岛自古以来就是中国领土,这是任何人都不能改变的事实。所谓仲裁结果出笼后,中国政府发表关于在南海的领土主权和海洋权益的声明向全世界庄严宣告:"中国对南海诸岛,包括东沙群岛、西沙群岛、中沙群岛和南沙群岛拥有主权","中国南海诸岛拥有内水、领海和毗连区","中国南海诸岛拥有专属经济区和大陆架","中国在南海拥有历史性权利"。事实和证据都清清楚楚,不容置疑。

定力来自我们始终站在国际正义的一边。道义正,必有朋。在南海问题上,中国得到了国际道义的广泛支持。支持中国立场的"朋友圈"越来越大。

定力来自对中华民族伟大复兴梦想的热切追求。在实现"两个一百年"宏伟目标的征程上,中华民族有着坚强的凝聚力,外界的施压与干扰只会让我们更加团结、更加坚定。日益强大的中国,绝不会允许遭受外强欺凌的历史重演,中国人民不信邪也不怕邪,不惹事也不怕事,任何人都不要指望中国会吞下损害主权、安全和发展利益的苦果。

定力来自中国对和平发展的坚定维护。霸权主义和强权政治是和平最大的敌人,这是饱受战争之苦并赢得反法西斯战争胜利的中国人民得到的最深刻的启示。在南海,中国一直致力于和平,致力于合作。中国与东盟国家早在2002年就达成和签署了《南海各方行为宣言》,此后一直致力于"南海行为准则"的达成。2013年,中国更是提出广泛惠及东盟国家的"21世纪海上丝绸之路"倡议。

我自岿然不动,何惧沧海横流。在实现中华民族伟大复兴的征程中,诸如荒谬的南海仲裁案这般考验绝不会少,我们时刻要保持警惕。只要我们万众一心、团结一致,完全有信心、有能力战胜一切挑战。

(据新华社北京2016年7月15日电
新华社记者 辛俭强)

第五部分　新华国际时评文章

　　美国全球干涉、监控世界的霸道行为及其在拉美加勒比海的兴风作浪，菲律宾阿基诺三世政府的狐假虎威，日本政府在南海问题上表现出的斑斑劣迹，西方国家搅乱南海的背后目的……新华国际时评文章为你一一揭示。

日本是在南海玩历史"穿越"吗

日本当局围绕南海再度活跃起来。近期,日本首相安倍晋三和外相岸田文雄兵分两路,一个在欧洲,一个在东南亚,开口闭口不离南海。

日本军机、军舰的身影也在南海活跃起来。2015 年 6 月,日本海上自卫队和菲律宾海军首次在南海举行联合军演。日菲还签署军备协议,日方答应租借 5 架教练机供菲方巡航南海。2016 年 4 月,海上自卫队舰艇先后在菲律宾苏比克港和越南金兰湾停靠。岸田在此次东南亚行的最后一站越南,更是作出承诺,要加快研究向越南提供新造巡逻舰船。

而在不久前的七国集团广岛外长会上,日方挟地主之利,大谈特谈南海局势。据日媒报道,2016 年 5 月下旬即将在日本三重县举行的七国集团峰会上,这些离南海万里之遥的西方国家还将再弹南海调调,安倍当局在此间的穿针引线"功不可没"。

日本作为域外国家,"文攻武卫"双管齐下,大张旗鼓插手南海事务,其居心不言自明。无非是在搭台唱戏,利用南海议题抹黑中国、遏制中国;而这样做的目的则是要借船出海,通过煽动南海局势紧张配合美国搞"亚太再平衡",同时掩护日本军力重出江湖。

回望历史,日本在南海的军事存在曾是劣迹斑斑,这也让世人对当前日本当局的健忘与偏执颇感诧异。1939 年 9 月,早在太平洋战争爆发前两年,日本就已挥兵南下,悍然占领了南沙群岛。太平洋战争期间,日军在南沙群岛建立了海军基地,并以此为跳板,对当时的印度支那、新加坡和印度尼西亚等地发起攻击。

正如中国外交部发言人指出的那样,日本在南海刷"存在感","无非是刷出了日本在第二次世界大战期间非法侵占中国南海岛礁的不良记录,刷出了日方当前在南海问题上的不良居心"。

70多年前,经南海侵略中南半岛的日本海军流行一首《法印进驻之歌》,歌中唱道:"右舷望见金兰湾,心中浮现日俄战"。日本帝国主义的野心一览无余。70多年后,随军舰停靠在金兰湾的日本自卫队官兵们,"心中浮现"的又会是什么呢?

（据新华社北京 2016 年 5 月 6 日电
新华社记者　冯武勇）

山姆大叔的"偷窥癖"该治治了

在日常生活中,"偷窥癖"是见不得阳光的阴暗行为,为正人君子所不齿。但如今,美国却在南海高调秀自己的"偷窥癖",唯恐天下人不知。

前两天,美国国防部发言人称,两架中国战机 2016 年 5 月 17 日在南海国际空域拦截一架美侦察机,美方认为中方有关行为是"不安全"的。美方的说法是,当时中国两架战机与美军军机距离仅 15 米。

不过,中国外交部发言人洪磊 2016 年 5 月 19 日说,"经向中方有关部门了解,美方有关说法不实"。洪磊说,2016 年 5 月 17 日,美军一架 EP-3 侦察机抵近中国海南岛附近空域实施侦察活动,中国两架军机依法依规进行跟踪监视,并一直保持安全距离,未采取危险动作,中方有关操作符合专业和安全标准。

山姆大叔公然到别人家门口偷窥,还理直气壮,甚至指责主人的正当阻拦行为"不安全"。看来,"偷窥癖"的逻辑与强盗逻辑大同小异,是常人无法理解和接受的。

究其根本,军力独步天下的山姆大叔认为自己就是世界的"老大",要偷窥全球,监控世界。一直以来,美国倚仗其先进的科技实力和强大的军事装备,各种间谍卫星、侦察机、无人机让人眼花缭乱,从陆地、空中、水下乃至太空搜集刺探世界各地区的政治、军事以及经济情报,为其谋求全球霸权服务。

美军舰机抵近侦察严重威胁地区国家的海空安全。为减少意外发生,中美双方于 2014 年 11 月签署关于"两个互信机制"的谅解备忘录,2015 年完成了关于空中相遇安全和危机沟通的新增附件,给军机相遇立下了"交规"。

然而,在所谓"亚太再平衡"的大旗之下,美国不但在南海周边国家启用数个军事基地,还多次在南海地区进行单方面行动,危害这一地区国家的战略安全。远的不说,单是过去不到一年时间,美国就动用了P-8 侦察机、B-52 轰炸机、"拉森"号和"威尔伯"号导弹驱逐舰等军事力量不断闯入南海。此外,山姆大叔还一再诱压盟国或伙伴在南海搞针对性极强的"联合军演"和"联合巡航"。

在此大背景下,美国人炒作中美军机事件,其目的是要把南海局势复杂化,加剧南海紧张局势。

敢于把"偷窥"做得冠冕堂皇、明目张胆的,当今世界恐怕只有山姆大叔。"偷窥癖"已深入骨髓,该治治了。

（据新华社北京 2016 年 5 月 20 日电
新华社记者　吴黎明）

尽早停止推进仲裁程序方是明智之举

日前,中国外交部发表关于坚持通过双边谈判解决中国和菲律宾在南海有关争议的声明。声明全方位向世界阐明南海问题的是非曲直,在释放出中方善意的同时,也旗帜鲜明地提出:"中国敦促菲律宾立刻停止推进仲裁程序的错误举动,回到通过双边谈判解决中菲在南海的有关争议的正确道路上来。"

解铃还须系铃人。舆论普遍认为,单方面推进仲裁不仅将南海问题进一步复杂化,而且有将中菲关系推向"死胡同"的风险,菲方应从维护中菲关系大局出发,尽早停止推进仲裁程序方是明智之举。

众所周知,通过双边谈判解决中菲在南海的有关争议,既是中国政府的一贯政策,也是中菲之间达成的明确共识。菲律宾单方面提起仲裁,不仅违背了中菲之间的一系列共识,违反了《南海各方行为宣言》的承诺,也不符合包括《联合国海洋法公约》在内的国际法。这也是为什么中方在南海仲裁案上的立场已经得到世界上数十个国家的支持。包括美国、英国、俄罗斯、阿根廷等多国国际法专家纷纷认为,中方"不接受、不参与"仲裁的做法合理,而谈判才是解决争端问题的正确途径。

简言之,无论从法理还是信义,仲裁本身都站不住脚,及早纠正不失为亡羊补牢之举。

人们注意到，菲律宾一些政府人士和专家学者已经敦促菲律宾候任总统杜特尔特尽早同中国举行双边对话，通过谈判解决两国在南海水域的争议。长期在菲律宾外交部从事海洋工作的菲律宾外交部海事中心前秘书长阿尔韦托·埃恩科米恩达指出，中方一直试图和菲方谈判协商，但菲方一直没有回应。菲律宾大学教授艾琳·巴维耶拉说，双边对话是菲中两国"重建互信的途径"。

值得注意的是，此次中方发表声明，也向菲律宾和世界发出了清晰的信号：中方从未关闭与菲律宾对话谈判的大门，坚持务实合作、友好协商是中菲关系的主旋律。

中菲是隔海相望、血脉相通的邻居，两国人民有着上千年友好交往的传统。中菲自 1975 年建交以来，两国关系总体发展顺利，各领域合作不断拓展。目前中国是菲第二大贸易伙伴，中国是菲最大进口来源地。随着中国—东盟自贸区升级谈判完成，中菲关系正迎来更大机遇。此时此刻，菲律宾方面不应被"雾霾"迷住双眼，尽早回归维护中菲合作大局的正确轨道。

不畏浮云遮望眼。相信菲方明智之士定能看到，对话和协商是解决争议的唯一正确和可行途径，和睦相处、合作共赢应是双方的共同追求。与中方相向而行、共同努力、克服困难、通过合作寻求最大公约数，不仅是两国人民的共同愿望，也符合菲律宾的根本和长远利益。

（据新华社北京 2016 年 6 月 14 日电

新华社记者　柳丝）

美国打南海"舆论战"居心叵测

南海本无事。但某些国家受利益驱使,却非要在国际舆论场上人为炒热南海话题,颠倒黑白,制造事端,将本该风平浪静的南海搅浑。

究竟是谁在制造南海问题上对中国的舆论偏见?

不妨先来看个"案例"——2016 年 2 月,西方舆论炒作中国在西沙部署导弹问题。时间选在美国—东盟领导人非正式会议期间。方式则是全线出击:2016 年 2 月 16 日,美国福克斯新闻网率先发表所谓"独家报道",爆料中国在西沙永兴岛部署"红旗"-9 防空导弹;2016 年 2 月 17 日,美国国务卿、白宫发言人、太平洋司令部司令又同步发声,攻击中国在南海加强"军事化";当天日本政府代表也出面表示"严重关切";之后,美国智库战略与国际问题研究中心曝光一组卫星照片,称中国在南沙建设高频雷达,继续放大"中国威胁"。

随便翻翻西方舆论关于南海问题的言论,无论是摆在台面上讲的,还是潜台词里说的,中国的形象常常被固化为"以大欺小",搞"军事化",破坏"航行自由","挑战国际法治","谋求地区霸权"……这些声音把中国描绘成"躁动不安的帝国"。

眼花缭乱中,这出以美国为中心、盟友为呼应,借助官方、学界、媒体三方平台的演出,将地区局势紧张的责任一股脑地"推"到了中国身上。

　　美国和它的"小兄弟们"很擅长制造舆论偏见,混淆概念只是其手法之一。另一常用手法是双重标准。譬如,打着维护国际法治的旗号,却绝口不提自己曾拒不执行国际法院"尼加拉瓜军事和准军事活动案"的判决;对菲律宾等国在非法侵占中国的岛礁上部署雷达、飞机、火炮、导弹等军事设施视而不见,却给中国在拥有主权的自家领土上搞建设贴上"军事化"标签……

　　美联社首席记者马特在美国务院例行记者会上质问,美方派大型军舰、军机前往南海算不算军事化,美国国务院发言人马克·托纳给出的回答很有趣:"我们不一样……那只算自由航行"。

　　混淆概念也好,双重标准也罢,西方舆论在南海问题上对中国的偏见归根结底,是源于对中国"有罪推定"的惯性思维。在南海问题上,任何民事和军事行为,只要是中国作出的,一定是中国的错。

　　这一逻辑让人想起所谓的"大国原罪论",西方把基于自己扩张历史而形成的国强必霸理论以己度人地套用在中国身上。新加坡联合大学东亚研究所所长郑永年认为,美国对中国的意图与角色都误判了,它把判断建立在其作为扩张主义帝国的历史经验以及根深蒂固的强权政治思想之上,而不是在于中国在该地区的外交表现。

　　越来越明显的趋势是,美国正全方位动员政治、经济、军事、外交资源"重返亚太",遏制中国。其中,制造南海舆论偏见无疑是一种低投入、高回报的方式。美国国家利益中心高级研究员哈里·卡齐亚尼斯说得直白:"我们的目标很简单:迫使中国陷于守势,并在媒体(尤其是社交媒体)上一次又一次地羞辱中国……在新闻界和社交媒体上散布一起又一起中国在南中国海侵略行径的经济费用会很小,但通过媒体曝光来揭露中国的行径所带来的回报则可能是巨大的。"

　　卡齐亚尼斯们的盘算是,中国会碍于"面子"被迫作出"某些非常艰难的抉择"。然而,这大概只是一厢情愿。幻想通过舆论施压逼迫中国在维护自身主权和相关权利这一根本性问题上作出妥协和让步，只能是痴人说梦。

抹黑一时，抹黑不了一世，中国致力地区和平发展的善意与努力"日久见人心"，某些国家别有用心地制造南海问题的舆论偏见早晚都会被拆穿。

（据新华社北京 2016 年 6 月 16 日电

新华社记者 郝薇薇 郑玮娜）

南海仲裁案,菲律宾的国家信用何在

"人而无信,不知其可也。"这句古语的意思是,一个人如果没有诚信,说话不算话,那就不知道他还能做什么了。

人与人之间如果要保持良性、长久的交往,诚信是一条基本原则。这条原则放到国与国之间的相处,也同样适用,那也就是:国而无信,不知其可也。

但是,我们在菲律宾提起的南海仲裁案中,看到了这种赤裸裸的"国而无信"。从国际法层面来看,南海仲裁案违反相关的国际法规定,中国不接受、不参与是完全正当的,是尊重、维护国际法权威的做法。而即使从国与国交往的基本原则而言,提起和推进南海仲裁案的做法,也明显违背基本的外交关系原则和政治常识。

中国和包括菲律宾在内的东盟国家 2002 年签署了《南海各方行为宣言》(以下简称《宣言》),各方承诺由直接有关的主权国家通过友好磋商和谈判解决领土和管辖权争议。2011 年,菲律宾曾与中国发表联合声明,双方重申尊重和遵守《宣言》。然而,2013 年菲律宾不顾中方反对,单方面向仲裁庭提起有关南海争议的仲裁。

商定的事情必须得到遵守,这是基本的国际关系常识。因此有国际法专家及国际外交界人士指出,单从菲方违背诚信的做法而言,对菲就应当适用"禁止反言"的原则,要求菲方不能无视在《宣言》中的承诺而将纠纷诉诸仲裁。

在仲裁庭方面，撇开国际法方面的具体是非先不论，其明知菲方违背诚信，却仍然推进仲裁，无疑是为背信弃义的做法背书，将在相关国际法体系中造成"恶法"先例，损害国际关系的良性发展。

就某项争议提起仲裁，本应是为了裁决纷争，从而平息争议。而如果某个仲裁案的发起及其裁决结果，不仅不能平息纷争，维护地区的和平稳定，而是更可能搅乱局势，让争议更加复杂化，进而损害包括当事国在内的各方的利益，那么这样的仲裁，其基本的法律伦理和合法性何在？而眼下的南海仲裁案，正是这样一个案例。

作为全球半数贸易的必经之路的南海，其和平稳定的重要性不言自明，南海争端应该通过政治途径双方协商进行解决，而不是让缺乏正当性的司法解决造成争端加剧，增加南海的不稳定。荷兰乌特勒支大学法学院教授兹瓦特就指出，国际司法机构应将中立、客观的法律原则适用于事实，面对不宜司法解决的争端，法庭应该避免作出裁决。

在南海争议中，我们还看到更多违背基本伦理和常识的行为，比如撒谎。菲律宾前政府曾一直声称菲中就南海争议进行了 50 余次谈判，未能解决争端，只得提起仲裁。而直接负责中菲有关谈判事务的菲方前外交官员就直斥这是"撒谎"，因为事实是中方一直试图和菲方谈判，但菲方一直没有回应。

菲律宾候任外长日前表示，愿同中国就南海问题举行双边对话。这是值得欢迎的动向。

我们真诚希望，菲律宾莫要做"不知其可"的国家，而是成为让别国可以信任和尊重的国家。我们也希望，仲裁庭和有关域外国家，除了维护国际法的尊严，所言所做不要偏离基本伦理和常识。

（据新华社北京 2016 年 6 月 27 日电

新华社记者　郑汉根）

南海问题,别给中国乱扣帽子

自南海仲裁庭 2016 年 6 月 29 日宣布将于近期公布所谓仲裁结果以来,西方舆论场又掀起一股抹黑中国的浪潮。譬如,菲方首席律师、美国人保罗·赖克勒日前接受路透社采访时说,如果中国不尊重仲裁结果,有可能被看作"法外之国"。

我们知道,赖克勒先生 30 年前因代理拉美小国尼加拉瓜胜诉美国一举成名,是大名鼎鼎的国际法律师。我们尊重赖克勒先生的声名,但并不认为他有权给一个重诺守信、在遵守国际法方面有着优良记录的国家随便扣上一顶"法外之国"的帽子。

对南海仲裁案,中国早已申明不接受、不参与的立场。我们不清楚,赖克勒先生所说的"法"究竟指的是什么。如果指的是《联合国海洋法公约》(以下简称《公约》)等国际法,自行扩权和越权的南海仲裁庭倒更像是法外之地。赖克勒先生被《美国律师》杂志称为"国际法院先生",他不会不知道,菲律宾提请仲裁的实质——南海部分岛礁主权问题——并不在《公约》的调整范围之内,更不涉及《公约》的解释或适用;他更应该清楚,中国等约 30 个《公约》缔约国根据《公约》第 298 条作出的各种排除性声明是《公约》解释和适用过程的有机组成部分。

如果从广义上讲,赖克勒先生所说的"法"指的是"规则",其代理人菲律宾才是规则的破坏者。赖克勒先生接手此案 3 年有余,他至少应该明了这样一个事实:中菲早已通过一系列双边文件和《南海各方行为宣言》就通过双边谈判解决南海有关争议达成协议,是菲方出尔反尔、不守信诺、破坏规则,单方面强行提起仲裁。

我们发现一个有趣的巧合,南海仲裁庭公布仲裁时间表及赖克勒先生所发表的言论恰在菲律宾新总统杜特尔特履新之前。杜特尔特2016年6月30日在谈到中国和菲律宾在南海问题上的争端时表示:"只要能够通过谈判达成和解,我就很高兴。"一些分析人士从中看到了中菲回归双边对话协商轨道的希望。对话协商一直是联合国和国际社会倡导的争端首要解决方式,显然,赖克勒先生随便扣帽子的言论不是在为创造对话协商氛围做"加法"。

南海仲裁案自始至终就是一出交织着地缘、舆论博弈的政治闹剧。一些域内外力量给中国扣上诸如"挑战国际法治""谋求地区霸权"的帽子,但他们还没有"把白说成黑"的能力。中国致力于在尊重历史事实和国际法的基础之上解决南海有关争端的努力,不会因为赖克勒先生的一句话就抹杀掉。中国也绝不会在这样的舆论威胁下,在涉及领土主权和海洋权益等核心问题上作出一丝一毫的退让。

(据新华社北京2016年7月1日电

新华社记者　郝薇薇)

日本不要假公济私

日本经常在国际舞台上兜售私货,这一次更是玩起了借联合国安理会谋取一国私利的把戏。

刚刚履新的日本常驻联合国代表别所浩郎日前在纽约联合国总部的记者会上称,日本对南海问题表示"强烈关切",日本作为2016年7月份的轮值主席国,如有安理会成员国提议,有意将南海问题列入安理会讨论议题。

涉及南海问题,日本除了历史上曾有过侵略行径外,根本不是直接当事方。正因如此,联合国安理会也好,国际社会也好,对日本在南海问题上的种种企图和伎俩洞若观火。

近年来,日本在国际舞台不断搞"夹带私货"的勾当,假公济私俨然已成为安倍外交一大主色。一个多月前,日本借东道主之便,在七国集团(G7)峰会强行塞进了涉及南海的"海洋安全"议题。据日媒报道,日本近日又在鼓捣要通过G7就南海仲裁案发表联合声明。在日本政府看来,能在7月份"执掌"联合国安理会,是一个把南海问题继续搞大、给中国抹黑设绊的"天赐良机"。

但是,与G7的"小团伙"相比,联合国是一个"大家庭"。日本想把"团团伙伙""拉帮结派"的伎俩搬到联合国,把安理会轮值主席国的职权挪作私用,不仅损害联合国安理会的严肃性和权威性,更有违联合国宪章的相关宗旨及原则。

《联合国宪章》开宗明义,将维护国际和平及安全、促进国际合作视为宗旨。日本代表试图唆使其他成员国,把本应由直接当事国协商谈判解决的争议,借一起充满法理缺陷的仲裁案,鼓动拿到联合国安理会里来讨论,这是典型的滥设议题、煽风点火,丝毫无助于维护国际和平,丝毫无助于促进国际合作,只能加深分歧、刺激对立。

这种假公济私的行径可以休矣!

（据新华社北京 2016 年 7 月 5 日电

新华社记者　冯武勇）

警惕伊战故技嫁接南海

这两天,英国公布伊拉克战争的调查报告轰动世界,发动战争的政客们被钉在国际舆论的耻辱柱上。伊拉克与南海,远隔关山,貌似风马牛不相及,但西方目前在南海问题上的所作所为正是故技重施,大有将13年前打响伊拉克战争的那一套伎俩嫁接到南海问题上,令人义愤,令人不齿。

美英兵发巴格达的理由是什么? 美英的借口是伊拉克"拥有大规模杀伤性武器",但结果却是子虚乌有。谎言被戳穿,真相大白于天下,英国前首相布莱尔只得低头认错。

美英发动伊拉克战争的本质是什么? 是出于一己私利,在没有联合国授权的情况下军事打击一个主权国家;是打着国际法的旗号行违反国际法之实,恣意推翻一个自己不喜欢的政权;是为了谋求世界霸权,假借所谓国际规则的名目扰乱地区的和平稳定,却让地区人民乃至国际社会买单。

西方自命为国际法体系"开山鼻祖",动辄就把国际法、国际规则挂在嘴边。但其所作所为一再表明,肆意解读国际法,游戏国际规则恰恰是其惯常伎俩:或是曲解国际法为己所用,或是拉大旗当虎皮蒙蔽世人,或是干脆颠倒黑白将"非法"变为"合法",将"合法"污为"非法"。

为了混淆视听,西方发动盎格鲁—撒克逊舆论体系大搞舆论战,企图蒙蔽国际社会,为自己违背国际法、违背天良的行为遮羞。

君不见,美国政府曾公开摒弃《京都议定书》,单方面放弃美苏《反弹道导弹条约》,几时把国际承诺放在眼里?从北约轰炸南联盟到出兵伊拉克,从"先发制人"到"新干涉主义"的肆无忌惮,几时把联合国放在眼里?前几年西亚北非动荡之时,联合国安理会只是授权在利比亚设立"禁飞区",但北约以此由头军事介入利比亚,最终拔掉卡扎菲政权这个"眼中钉",却在那里制造了更大混乱后一走了之。

诸多实例,不胜枚举,充分暴露了西方一些国家的虚伪性和霸权逻辑。

回头说南海问题,西方不仅怂恿有关方面去进行所谓仲裁,还在国际上大造舆论,把"违反国际法"的脏水往中国头上泼。中国一再表明,所谓南海仲裁案在程序、法律、证据适用方面牵强附会,漏洞百出。因此,这一明显扩权、越权、滥权的仲裁庭根本就没有管辖权,罔顾法律和事实的裁决自然也就没有约束力。中国依法不参与、不接受这一仲裁正是在维护国际法治和规则,维护《联合国海洋法公约》的严肃性和完整性。

西方罔顾事实,抹黑中国,其目的与发动伊战"异曲同工"——乱了别人,好了自己,要乱中取利。

历史上,域外势力干涉其他地区事务,始乱终弃的例子比比皆是。眼下伊拉克、利比亚、叙利亚的惨痛经历和深刻教训必须牢记。西方的做派与路易十五臭名昭著的名言"穿越"暗合:我死后,哪怕它洪水滔天。布莱尔说他"负全责",但伊拉克数十万人死亡、数百万人流离失所,这个责是他能负得起的吗?

眼下,西方故技重施,就是想把南海搞乱,把亚太搞乱——以此干扰中国日渐强大的发展进程,维护西方在世界事务中的主导地位,维护美国在亚太的霸权。但是,我们要奉劝某些人,南海不是幼发拉底,中国更不是伊拉克,伊战故技嫁接南海的做法终将沦为一场拙劣表演。

（据新华社北京 2016 年 7 月 8 日电

新华社记者　吴黎明）

美国莫把南海当成加勒比海

应菲律宾单方面请求建立的南海仲裁案仲裁庭将于 2016 年 7 月 12 日公布"裁决"。近一段时期以来,南海的安宁与和平受到了极大扰动。南海问题背后,美国的影子随处可见,这不禁令人联想起历史上美国不断插手加勒比海地区事务的种种劣迹。

长期以来,美国一直把拉丁美洲视为自己的"后院",加勒比海被其视为"柔软的下腹部"。美国凭借绝对优势的军事实力在这片蔚蓝的海域兴风作浪。

"加勒比海明珠"古巴深受美国之害。美国在 19 世纪末的美西战争中占领古巴,并于 1903 年强迫古巴签订协议,无限期租借关塔那摩这个加勒比天然良港,使之成为美国在海外的第一个军事基地,至今仍未归还给古巴。1902 年古巴共和国成立后,美国又先后三次出兵武装干涉古巴内政。1959 年古巴革命胜利后,美国政府一直对古巴采取敌视态度。1961 年 4 月美国支持的 1500 多名雇佣军入侵古巴,企图推翻古巴政权,但遭到击溃。随后美国政府开始对古巴实行经济、金融封锁和贸易禁运,至今仍未有实质性松动。

在巴拿马,1903 年美国策动巴拿马脱离哥伦比亚独立,并强迫刚刚独立的巴拿马政府与美国签订关于开凿巴拿马运河的不平等条约。1989 年 12 月 20 日凌晨,美国政府以"保护美国侨民生命财产安全"为借口,出动 2.6 万精锐部队悍然入侵巴拿马。

在多米尼加,美国在 1916 年到 1924 年期间武装占领了多米尼加。1965 年 4 月,多米尼加共和国爱国军人发动起义,推翻了美国扶持的卡夫拉尔政府。为此,美国出动了约 4 万武装力量,对这个加勒比岛国进行干涉。

在海地,1915 年美国趁海地动乱之机,借口"保护侨民"出兵占领海地,直到 1934 年才撤走占领军。

在尼加拉瓜,1926 年 8 月,美国为扶植尼加拉瓜亲美政权派遣海军陆战队入侵尼加拉瓜,以镇压其爱国力量。

在格林纳达,1983 年 10 月,美国对其发动武装入侵……

凡此种种,不胜枚举。20 世纪以来,美国在加勒比海不断挑起事端,军舰肆意穿梭,破坏了这里的国家和人民寻求独立发展道路的意愿,令一些加勒比海沿岸国家陷入长期动乱与停滞。

美国为什么频繁地对中美洲和加勒比地区国家进行干涉和侵略?一言以蔽之,利益使然。19 世纪末期以来,美国通过不断干涉,挑起争端,从中渔利,基本消除了外部势力利用加勒比地区国家对美国构成军事威胁的可能性。美国前总统里根就曾直言不讳地说,加勒比地区"对美国来说是条生命攸关的战略和商业命脉"。

历史轮回,何其相似。自美国政府 2009 年提出"亚太再平衡"战略,南海局势陡然紧张。近一段时期,美国军方打着"航行自由"的旗号,在南海区域动作频频,美国军舰和战机多次进入中国南沙群岛岛礁邻近海域和空域,耀武扬威,把别国的家门口当成自家的"后院",此霸权主义强盗行径与其 20 世纪在加勒比海的所作所为如出一辙。

中国对南海诸岛的主权,已为《开罗宣言》和《波茨坦公告》所明确认定。在南海问题上,中方始终倡导"双轨思路",主张以和平方式、协商解决南海问题。

南海本无事。中国人民热爱和平,同时也要奉劝美国,莫把南海当作加勒比海,停止插手其他地区的事务。

（据新华社墨西哥城 2016 年 7 月 10 日电

新华社记者　裴剑容）

美国,请还国际法一片"净土"

南海仲裁案仲裁庭 2016 年 7 月 12 日公布所谓裁决。对这场被政治操纵的闹剧,中方多次表明"不接受、不承认"的立场。而作为域外国家和非南海问题当事国的美国,反应却比当事国菲律宾还起劲,打着所谓维护国际法的旗号招摇发声,不得不让人怀疑其真实意图。

在南海问题上,美国虽然口口声声不选边站队,实则不断制造、夸大和渲染南海紧张局势,与个别国家大搞联合军演,打着"航行自由"的幌子向南海派遣舰机,扰乱地区和平与稳定。美国还在背后鼓动菲律宾提起仲裁,试图通过仲裁庭所谓裁决向中方施压。美国摆出一副国际法"卫道士"的架势,然而,它要自塑的"光辉形象"早已砸在自己手中。

第二次世界大战结束后,美国在建立以《联合国宪章》(以下简称《宪章》)为核心的现代国际法体系中发挥了重要作用,另外,美国却在国际法实践中抱着"合则用,不合则弃"的投机做法,屡屡无视和破坏自己参与制定、具有普遍约束力的原则和法律精神,为的就是维护自己在全球的霸权和利益。

拉美国家就曾深受美国霸权主义侵扰之苦:1961 年,美国雇佣军入侵古巴"猪湾",企图推翻新生的社会主义政权;1965 年,美国出动约4 万武装力量干涉多米尼加,恢复被推翻的亲美政权;1983 年,美国派遣数千名海军陆战队士兵入侵格林纳达,借机扶持亲美政权上台;1989年,美国出动2万多名精锐部队突袭巴拿马,将时任巴拿马政府首脑诺列加逮捕并押回美国"受审"……这些都是美国对《宪章》"不得干涉他国内政""不得对他国使用武力"等原则的嘲弄和践踏。然而,在当时特殊的国际政治环境下,受害国无法通过国际法伸张正义。

放眼世界,美国违反国际法的行为不胜枚举。无论是绕开联合国安理会授权轰炸南联盟、发动伊拉克战争,还是拒绝批准《京都议定书》《全面禁止核试验条约》《联合国海洋法公约》等,都反映出美国对国际法持有明显的双重标准。

历史多次证明,虽然美国喜欢把国际法挂在嘴边,但总是对人不对己,并根据本国利益选择性地"重视"或"无视"国际法。在南海仲裁案上,美国再次故技重演,煽动菲律宾把原本不适用于国际仲裁的南海问题进行包装,为美国在亚太地区攫取战略利益充当抓手。

历史终将证明,通过谈判协商和平解决争端,才是对国际法和国际关系基本准则的最大坚守。任何夸大国际法适用标准的行为,实质上都是对国际法公信力的玷污和损害。中国一向是国际法体系的建设者和维护者,始终坚持在尊重历史事实基础上,根据国际法,通过双边谈判,解决与菲律宾在南海的有关争议。

如果美国真的珍视国际法,那么,就应该还国际法一片"净土",和国际社会一道推动其发挥应有作用,而不是借国际法满足一己之私,扰乱地区和国际秩序。

(据新华社北京2016年7月14日电

新华社记者　赵晖)

美菲莫要在南海唱"双簧"

　　最近,南海又风急浪高。媒体前脚刚曝出菲律宾偷偷摸摸地加固非法"坐滩"中国仁爱礁的废军舰,美国后脚就有新动作——太平洋舰队司令斯考特·斯威夫特在访菲期间登上 P-8A"海神"反潜侦察机,在南海上空展开侦察行动。

　　一个要将"坐滩"把戏进行到底,一个不远万里跑到南海上"秀肌肉",美菲演的"双簧戏"真是让世人大开眼界。

　　1999 年 5 月,菲律宾这艘年过"不惑"的登陆舰以"机械故障"搁浅为由,在仁爱礁非法"坐滩",企图强占我领土。16 年过去了,军舰早已成为一堆锈迹斑斑的废铁,但菲律宾拒绝中方多次提出拖走船只的要求,派一堆士兵在舰上驻扎。一群人守着一堆废铁 16 年,还要偷偷加固,生怕废铁垮掉,这把戏演得真让人"刮目相看"。

　　马尼拉乐此不疲,并非是"入戏太深",其中的"小九九"地球人都知道:赖在仁爱礁上不走,企图达到永久侵占的目的。

　　马尼拉持续经年的"小把戏"为世人所耻笑,但也有"个别观众"力捧,美国是典型代表。别的不说,美国海军日前公布斯威夫特在侦察机上侦察南海的照片,从时间上的巧合来看,大有为马尼拉撑腰之架势。换言之,"小把戏"与"秀肌肉"相辅相成,互有"默契","双簧戏"演得很欢。

　　追根溯源,菲律宾这些年在南海岛礁问题上蹦跳得欢,就是因为看着美国的眼色行事,自认为有人撑腰。君不见,菲方领导人经常大放厥词,荒谬无理地抹黑攻击中国,还单方面将有关争议提交所谓国际仲裁,甘当域外势力"棋子",有将"马前卒"当到底的架势。

其实,菲律宾打错了算盘。根据"非法行为不产生合法权利和效力"这一基本法律原则,中方不承认南沙群岛有关岛礁被菲方非法侵占的所谓"现状",无论菲方玩何种把戏、玩多久,都改变不了中国对包括仁爱礁在内的南海有关岛礁的主权。

美方"秀肌肉"亦是可笑。试问,新中国成立以来,中国人民何时被外来恫吓吓倒?

和以往华盛顿诸多高官表态一样,斯威夫特此次又在重弹保证南海"航行自由"的老调。实际上,说南海航行不自由本身就是个伪命题。作为世界头号贸易大国,中国比任何人都希望南海的航运安全与自由,而且这么多年来一直不遗余力为保障航运安全与自由作出了卓越贡献。

美国这么做,可谓用心良苦,一箭三雕。一是通过不断渲染"中国威胁",美国希望名正言顺地将南海巡航行动常态化,以便更深入插足亚太;二是为菲律宾等南海周边国家撑腰打气,提升其与中国周旋的能力;三是干扰中国处理南海问题,不让中国与南海有关各方按照既定轨道妥善解决。

总而言之,无论是菲律宾还是美国,都一厢情愿地认为,搅乱南海就可以从中取利。但历史无数次证明,火中取栗害人害己,南海问题发酵有悖于各方的利益,只会损人不利己。所以,美菲的"双簧戏",世人都看穿了,还是歇歇为好。

(据新华社北京 2016 年 7 月 20 日电

新华社记者　吴黎明)

第六部分　南海七日谈

　　引用大量真实史料，揭露菲律宾阿基诺三世当局提起南海仲裁案挑战历史良知和国际规则的伎俩，以平和的心态谈事实问题，从历史的角度看南海问题，用历史事实给这出仲裁闹剧做一个"仲裁"。

轻浮的裁决

——历史天平上的南海仲裁案(一)

有没有所谓的仲裁,南海,它都在那里。

仲裁改变不了任何历史,改变不了任何事实、任何现状。历史和事实不容"仲裁"。

西方有句拉丁语法谚,叫作"法官不回答事实问题",明确限定了法官的管辖权,讲的就是这个道理。

南海仲裁案妄图挑战历史。

对南海而言,仲裁不仅没有理由、没有必要,更不会促成任何改变。对于问题的解决,仲裁不仅徒然无益,相反,只会挑起麻烦与事端,制造分歧与分裂。

当然,一谈历史,有些人会习惯性地质疑与诡辩。这也很平常。

"南海七日谈",基于一种平和与客观的心态谈事实问题,从历史观的角度看待南海问题,用史实来给仲裁闹剧做一个"仲裁",对这出闹剧中每一幕荒唐的剧情做一个"裁决"。

第一天要谈论的,是在南海历史经纬中检视所谓的仲裁。

中国的先人们启航南海的那第一叶扁舟,今天已无从考据了。但可确认的是,官船也好,商船也好,渔船也好,正是那些最早从中国诸港出发的一次次冒险,编织起覆盖南海的贸易网,同时也让南海周边各种文化跨地域相遇、相识、相交。2000多年来,南海上日复一日地上演着自由航行、通畅贸易、技术交流、文化聚合、观念交织的故事,各种形态的传统、观念、技术、认知,通过南海这片和平的水域,交融、进化、嬗变、新生。那时的南海,是各国依赖的发展之海。

在15世纪西方殖民东南亚前的1000多年间,南海的主流是维护和平与向往发展。不争的事实是,即便是在中国最强大的岁月里,南海上也从未发生过重大的冲突与战争。明万历后,中国还邀请马六甲王国等朝廷,建立合作机制,在南海共同打击海盗,维护航海安全,直至1511年马六甲被葡萄牙殖民者所占领。在漫长岁月里,中国从未借南海之便、国力之盛、兵力之强威胁南海周边诸国的发展,相反,中国人在与东南亚古国共同缔造南海商业的同时,还将先进技术、先进文化、先进理念广为推广与传授。那时的南海,是共同维护的和平之海。

清朝末年,日本南海史学家藤田丰八在其《东西方交涉史——南海篇》中详细考证和记述了古代中国与南海周边各国的往来繁荣。译者何建民先生在前言中描述道:"秦时之番禺(今广州)已成南海贸易之中心地,商贾……远涉重洋,咸驶来华。"明朝时,大剧作家汤显祖在谪贬徐闻期间,在番禺(今广州)和香山番(今澳门)目睹听闻了不少关于海上丝绸之路的故事,创作了一批描写南海繁荣的诗句,如"占城(今越南中部)十日过交栏(今印度尼西亚的格兰岛),十二帆飞看溜还。握粟定留三佛国(南海古国三佛齐),采香长傍九州山(今马来半岛霹雳河口)"。那时的南海,是多国互利的繁荣之海。

但是,无论是历史还是今天,一个区域的和平、稳定、发展、繁荣,总会引起域外一些国家的觊觎与野心。15世纪,当亚欧大陆那一端的地中海文明快速发展并刺激了城市商人和贵族对物质财富的贪欲和追求时,他们开始探寻通往东方的航线。葡萄牙人和西班牙人寻找黄金和香料的探险队最早发现了东南亚,正式地在南海周边拉开了一场美其名曰"香料贸易"的大范围侵略与侵占时代的序幕。

马六甲王国1511年沦陷,标志着古代南海的商业文明被殖民者冲破,载有火器的西方战船长驱直入。随后300多年间,一些人打着探险、传教与开化的名义,打着自由航行、自由贸易的幌子,在南海周边国家,掠夺资源,清洗思想,涂抹文明。他们打破了中国和南海诸国千余年来靠海上交流确立的价值观念、信仰取向、贸易规则和人文融合,从头至尾地改造着这片被他们称作是"东印度群岛"的土地。正是这一殖民阶段,极大程度地扼压了南海古代文化与南海贸易规则的有序传承,让南海贸易进入一个断层期,一些南海古文化甚至就此消失。

今天,东南亚很多古文明已经消失,很多古文明仅仅部分传承,还有一些古文明不伦不类地被西化和殖民化改头换面。虽然,直至今日,一些西方人仍在畅谈他们当年靠殖民手段给南海周边国家带来的所谓"进步",甚至仍打着自由的旗号在这片海域炫耀先进的战船与战机,但历史需要复原的真实情况是,在没有西方战船火炮的年代里,南海周边的智慧民族们,与中国人一道,靠千年的付出,推动和平、繁荣与文明。

真正的进步,从来不需要以武力干涉为代价。

读古代南海史,看今天仲裁案,竟然发现,仲裁案前前后后一些国家叫嚣的各种口号以及所谓"规则"和"真理",竟然在历史中都有可以对照的影子。

所以,裁决与不裁决,历史已经裁决了一切。

在历史的天平上,仲裁案轻浮得是那样荒唐与可笑。

（据新华社北京2016年7月14日电

新华社记者　凌朔）

孤立的幻影

——历史天平上的南海仲裁案(二)

美国国防部部长卡特前段时间在香格里拉对话会首场讨论开始前抛出论调称,中国如果继续在南海的行动,将在本地区建起"自我孤立的长城"。

不得不惊叹于卡特的用词是那样的"华丽"。事实上,美国官员们一贯擅用这类词汇来博取关注,这是"标签化"别国的特殊技能。卡特,借用了长城在全世界的知名度,搞了一把文字游戏。但不得不说,卡特在南海看到的"长城",只是对历史无知的幻影。

卡特应该多读历史,最好多读中国原版的中国历史,就不至于对长城产生如此的认知偏差。长城,是中国人用来抵御外侵的防御工事,如果有人来进攻、来诋毁,自然需要有防御、有戒备,如果美军舰只来游弋滋事,自然需要示警驱逐。既然是防御,又何来风马牛不相及的"自我孤立"?!卡特的这一"标签",不伦不类,前后矛盾,逻辑有问题,历史认知有问题。

至于"自我孤立"一说,卡特还是应该去读历史,读南海的正史。

南海历史中,除了那段持续了 300 多年的西方殖民史和第二次世界大战期间个别国家非法侵占南海岛礁的片段外,南海上有贸易,有交流,有文化,有繁荣,有合作,有和谐,唯独找不到"孤立"的影子。

卡特的论调,实则是为了孤立中国,企图在南海上人为造起一条分裂团结的"话语战线"。

但历史上的南海,兼收并蓄,海纳百川。

早在美利坚建国前1200多年,《梁书·南诸国传》就已经详细记述了中国人认知与了解的南海周边情况:林邑国(今越南中南部)、扶南国(今柬埔寨)、盘盘国(今泰国南部万伦湾沿岸)、丹丹国(今马来半岛)、干陁利国(今马来半岛吉打)、狼牙修国(今泰国南部北大年一带)、婆利国(今巴厘岛)、中天竺国(今恒河流域)、师子国(今斯里兰卡)等,这些今天已不见踪影的南海周边古代文明悉数记录在中国古代交往的古籍中。隋朝时,隋炀帝派常骏、王君政等人由南海出使赤土国(今马来半岛南部),途经造访焦石山(今越南占婆岛附近)、陵伽钵拔多洲(今越南的燕子岬)、真腊(今柬埔寨、越南一带)、狼牙修、盘盘等地,其经历见闻、风土人情、奇闻轶事都形成文献文字流传至今。

对于南海大繁荣时期的各国彼此交融的情景,西方殖民先驱们早有记述。1525年前后,西班牙探险家加西亚·罗萨途经菲律宾时,发现中国的大型商船每年到菲律宾贸易已成惯例。《菲岛史料》和日本学者小叶田淳《明代漳泉人的海外通商发展》中记录了中国商船在菲律宾贸易的盛况以及中国商船对菲律宾经济的重要性。16世纪初,葡萄牙侵略者侵占马六甲海峡时,惊讶地发现海峡内停泊有大量大型中国船只。英国17世纪旅行家托马斯·赫伯特爵士在其《非洲亚洲旅行记》中记录道:"每年1月间,当苏门答腊、加里曼丹、马六甲等地汇聚大批中国商船时,那里就像过节一样热闹。"1680年至1703年的23年间,到达巴达维亚(今雅加达)的中国船只达1200艘,除大多数来自宁波、厦门、广州的船只外,还有一些来自日本、暹罗的做多国贸易的中国船。18世纪末,西班牙人在马尼拉的人口普查显示,马尼拉人口达4.2万,其中华人1.5万。

事实上，从古代海上丝绸之路到今天"一带一路"，中国始终在释放一种跨越古今的开放、外向、合作、互利、共赢理念。"丝路精神"已经完败所谓的"孤立论调"。

也许正是这种强大的正能量，让一些西方国家感到惶恐。当年，西方殖民者在东南亚推行"去中国化"运动，也是出于这种惶恐。

1571年，西班牙人打败了苏莱曼国王，夺取了吕宋岛。殖民者登陆后的第一件事，就是把中国色彩浓郁的他加禄人小镇马尼拉改造成西班牙化的城市。在利用中国商船建立起来的成熟航道攫取原始资本的同时，殖民者残酷对待当地华人，出台管制华侨的种种严苛条款，如限制自由、集体搬迁、驱逐出城等。在1603年至1820年间，西班牙殖民者先后6次大规模屠杀在菲华人。

在巴达维亚，荷兰殖民者自18世纪初开始限制华侨入境，实施"身份证制度"，把没有获得"身份证"的华侨全部解押出境，流放锡兰（今斯里兰卡）做苦工。英、荷东印度公司进驻东南亚多地后，也对中国商人的跨海贸易进行严苛打压。婆罗洲（今加里曼丹）、爪哇等地华侨都曾在大殖民时期深受迫害。

"清除"与"孤立"，是西方冷战思维的专长，是美国等少数国家围堵别国的惯用手段，是美国等国的利益集团借口干涉地区事务的一贯外交辞令。关于"自我孤立"的最好例证，是曾经有过孤立主义传统的美国试图以各种方式孤立古巴半个多世纪，结果适得其反，古巴的"朋友圈"越来越大，倒是美国把自己给孤立了起来。

悖入亦悖出、害人终害己。卡特以及有卡特式思维的人，应该读读南海的正史，正一正自己的史观，从历史和现实中汲取教训。

（据新华社北京2016年7月15日电

新华社记者　凌朔）

迷航的自由

——历史天平上的南海仲裁案(三)

在给南海仲裁案站台吆喝时,美国喊得最声嘶力竭的一句话就是"航行自由"。然而,在海阔凭鱼跃、天高任鸟飞的南海水域,谁的正常航行和飞越活动何时、何处曾经遇到问题?

中国是南海最大沿岸国,南海是中国与世界经济贸易往来的最主要海上通道。没有谁比中国更需要维护南海的航行和飞越自由,没有谁比中国更希望确保南海航道的安全与畅通。

历史是最好的教科书,历史也是最好的镜子。当美洲的原住民还在用独木筏穿梭于密林水道间时,万里之外的南海已经是一条自由航行和贸易的大通道。"连天浪静长鲸息,映日帆多宝舶来。"当欧洲冒险家们用坚船利炮大搞"地理大发现"时,南海水域是当时自由、繁荣、文明的世外桃源,"百舸争流、万国衣冠"。

上千年来,维护南海航行自由,保障南海贸易繁盛,中国从未缺席。史料记载,自汉以来,中国历朝对南海都有巡海安保的专门负责部门。汉代,南海安全由水师负责巡视;南朝时则由"舟师"负责;北宋派水师定期巡海。北宋仁宗亲自作序的《武经总要》清楚记载了水师巡海西沙群岛的史实:"命王师出戍……至乌潴、独潴、七洲三洋(西沙群岛)。"元朝朝廷则对南海进行了官方纬度测量。

明太祖朱元璋对海上安全尤为重视,他在《御制文集·劳海南卫指挥敕》中说,南海"海之旷,吾与共之。设有扬帆浮游,奚知善恶者耶"。朱元璋于洪武二年(1369年)在海南设立海南卫所"专掌巡海","督所管军船常于所部海面巡视,有警辄行申报"。

此后,明代对海上安全的官方保障不断完善。明朝戴熺等人编纂的《琼州府志》记载,到隆庆元年(1567年)时,海南多地均设有官兵水寨维护南海安全,其中,仅白沙水寨就有"兵船六十只,官兵一千八百二十名",一旦有海盗等警情发生,白沙水寨官兵会联合"海北白鸽寨会兵巡剿"。《泉州府志》记载,清代乾隆时期,广东副将吴升"自琼崖,历铜鼓,经七洲洋、四更沙,周遭三千里,躬自巡视,地方宁谧"。

历朝历代维护南海航道安全的记载并非"走过场"。明永乐五年(1407年),郑和出兵围剿盘踞南海的一股海盗,活捉匪首并剿灭海盗5000多人。1409年,郑和经南海造访马六甲王国,说服马六甲与明廷合作打击海盗。这种保障海上航行安全的合作一直持续到1511年马六甲被葡萄牙殖民者占领,历时100多年。

此外,为保航行自由与安全,中国历朝对通过南海来访的高级外交使团、商团采取海上接来送往的方式,有时甚至一直接送到外使的国门口。

如果说,南海历史上的航行自由,其出发点是维护和保障南海地区的和平、繁盛;到了近代,当西方列强的"黑船"长驱直入南海后,"航行自由"成为武力和掠夺的代名词。16世纪后的300多年间,各种外部势力打着探险、传教、开化的名义,打着自由航行、自由贸易的幌子,在南海周边掠夺资源,侵地殖民。

17世纪,很多在东南亚掠夺财富的西方集团开始在南海上劫掠商船,阻挠正常的海上贸易与航行。《菲岛史料》记载,当时所有的英国与荷兰航海家几乎没有一个不曾抢劫过中国商船。荷兰知名航海家范鲁特抢劫过一艘开往马尼拉的中国商船,英国的米奇本爵士1605年也曾抢劫过一艘运送丝织品的中国船。在荷兰东印度公司成立后的最初20年里,公司董事会曾三番五次地指示公司总裁直接用武力劫掠中国船只。

美国《时代》周刊驻华记者毕菡娜近期撰文承认:"那时,欧洲列强希望独占其殖民战利品。航行自由源自同样的规则。"

在美国介入南海之前,每年大约10万艘各类船只从未在南海遭遇"不自由",南海的自由航行传统支撑着全球一半以上的海上贸易。近年,随着美国持续操弄南海问题,"航行自由"正在出现向列强时代"返祖"的糟糕迹象。

当美国的军舰、军机,乃至航母战斗群打着"航行和飞越自由"的旗号,在南海上不断无谓地消耗柴油和航空汽油时,他们正在用自己的"横行自由"凌驾于"航行自由",从而危害真正意义上的航行自由和安全。

历史上,在南海辽阔的水面上,通过一条条自由航行的水道,佛教、犹太教、基督教、伊斯兰教、儒学、道教等各类宗教和思潮沿海上丝绸之路碰撞交汇,养蚕、制瓷、纺织、火药等各种技术在南海周边广泛流传,玉米、番薯、烟草、花生等番邦物种在南海周边自由传播,华人、吕宋人、暹罗人、高棉人、马来人你来我往,互利共生……

南海有没有"航行自由",历史上的桨声帆影已经给出雄辩的答案。现在南海究竟谁在危及"航行自由",呼啸而至的美军舰机正在自曝其丑。

（据新华社北京2016年7月16日电

新华社记者　冯武勇　凌朔）

挑拨的把戏

——历史天平上的南海仲裁案(四)

2016 年 4 月,新加坡《海峡时报》援引两位新加坡外交官的话,指称中国与文莱、柬埔寨、老挝等国在南海问题上达成四点共识属于"分裂东盟"之举。此后,一些美国媒体如获至宝,把论调当"标签",随手乱贴。

首先,必须承认,南海问题在东盟内部造成了不和谐因素,扩大了东盟各成员国间的分歧,给东盟一体化进程制造出前所未有的新障碍。这是客观的事实。但是,制造这些分歧的绝不是中国人。

造成这一现实的最直接的事件,是菲律宾单方面提起的南海仲裁案;最直接的操刀手,是菲律宾前总统阿基诺三世。但如果再深挖阿基诺三世背后的始作俑者,恐怕另有其人。因为,作为东盟成员国之一的菲律宾,东盟分裂并不符合它的国家利益,而对于其他一些域外国家而言,乱则生利的心态由来已久。

搞阴谋,搞分裂,在中国人的价值观里,向来登不上大雅之堂,算不上君子所为。倒是看看冷战时期的拉美,看看美国在自己"后院"里捣鼓的那些事儿,手法伎俩如出一辙。

就南海问题,记者在过去两年的采访中,已有不止一位菲律宾人士话里话外向记者透露,搞南海仲裁案超出了菲律宾一国的能力。甚至有人明确点出南海仲裁案后有"首脑",且"不止美国一个"。东盟分裂,南海生乱,对谁有利,一眼就能看出。

还有一个明确的事实,那就是从2012年4月的黄岩岛事件到2013年1月菲律宾提起南海仲裁案,在短短半年多时间内准备出多达4000多页的诉讼材料,非一个普通律师团能力所及。要么在黄岩岛事件之前就开始谋划,要么有更多的国家或方面参与其中。从一开始,这些幕后大佬们就应该很清楚,如此借东盟国家为跳板卷入地区相关事务势必将扩大东盟内部的分歧。

对熟悉东南亚史的人来说,域外国家搅和东南亚,在领土问题上指手画脚、搬弄是非、挑拨离间,并不是什么新鲜事。东南亚地处两洋之间,陆地和海洋资源丰富,区位交通地位自古突出。在东南亚遭受殖民统治之前,中国和印度文化对东南亚影响最大,而且,这两个在历史上曾经强大的国家一直是以最淳朴的贸易交通、文化交流和民间交往作为与东南亚沟通的纽带。但15世纪后,东南亚丰富物产资源和优越的地缘优势被远洋探险的西方人发现,在短短几十年间,西方多国殖民者纷至沓来,用火炮和战舰瓜分了东南亚几乎所有国家,唯一一个未被殖民的东南亚国家暹罗(今泰国)也被迫与西方列强签订了诸多丢卒保车式的不平等条约。

域外殖民势力在东南亚拉帮结派、明争暗斗、刀俎他国、鱼肉利益,使东南亚一度进入一个边界混乱时期,其中一些争端遗留至今,贻害了当地人,却满足了一些局外人作壁上观、伺机牟利的心态。当年,荷兰殖民者给印度尼西亚划定了边界,但留下了与马来西亚在加里曼丹岛分割问题上的纠葛;占据马来亚的英国殖民者在与盘踞中南半岛的法国殖民势力协调利益后划分了马来亚与泰国之间的边界,造成了今天泰国最南部三府信仰差异、边界矛盾、分离主义、恐怖活动交织在一起的复杂态势;英国和法国殖民者还刻意把泰国、老挝、柬埔寨之间的边界设计成来回穿梭于自然山脉与河流的格局,致使泰国与柬埔寨、泰国与缅甸之间至今有说不清的领土争端;英国殖民者还强化了两个"嵌入"式国家文莱与新加坡的附庸属性,葡萄牙殖民者则死守"嵌入"印度尼西亚的东帝汶,试图分而治之、借力打力。

时至今日,东南亚国家间以及东盟国家间存在的主要矛盾与心理嫌隙,基本都可以追溯到殖民者在大殖民时期设下的圈套。可以清晰看出,为了眼前利益,西方宗主国丝毫不顾及殖民地的利益,西方国家对于自己的一些政策与决策是否会造成其他国家间贻害千年的历史纠葛就更不关心了。

殖民时代已经过去,但西方霸权主义与干涉主义正在借炒作南海等地区问题死灰复燃。东盟国家间是否会坦诚、互信、合作、团结不会是西方霸权主义与干涉主义势力考虑的因素。不管它们喊着什么冠冕堂皇的口号,在它们的内心深处,挑拨离间、间而分治、治而生乱、乱则生变、变则生空、空则可入、入则邀利的道理可用于它们眼中一切域外地区,这才是"巧实力"的内幕。在它们眼中,域外之乱是其谋求最大化国家利益的绝好时机与环境。过去15年,阿富汗、伊拉克、利比亚就是被套入西方霸权主义和干涉主义的魔咒而深受苦难。

美国人2009年开始喊"重返亚太"的口号,一年后推敲措辞、整合理念,推出了"亚太再平衡"战略。回顾过去六七年,东南亚并没有因为美国的"重返"而变得和谐,也没有因为美国的"再平衡"而变得团结。

现实中,真正"重返"的恐怕是挑拨与生乱的动机以及霸权与干涉的野心。而这些想法,早已遗臭在历史中。

(据新华社北京2016年7月17日电

新华社记者 凌朔)

臆造的威胁

——历史天平上的南海仲裁案(五)

"我联合国人民同兹决心,欲免后世再遭今代人类两度身历惨不堪言之战祸,重申……大小各国平等权利之信念。"

《联合国宪章》(以下简称《宪章》)的序言开宗明义:国不分大小,权利平等。

这也意味着,国际事务中,不能以国之大小论"是非"、断"是非"、定"是非"。

而在南海问题上,美国热衷于以"大小"臆断事情的是非曲直,给中国维护领土主权和海洋权益的正当行为贴上"以大欺小"的标签,凭空制造"中国威胁"周边国家的假象,这假如不是恶意误导舆论,显然是犯了基本的逻辑错误。

梳理最近一年多来的公开报道,可以清晰发现,所谓"以大欺小"论,与"自我孤立"论、"海上长城"论等各种荒腔走板的论调如出一辙,均为美国白宫、国务院、五角大楼一众高官精心设计、包装、散布的舆论炮弹。

2015 年 1 月,美国助理国务卿拉塞尔与菲律宾副外长共同会见记者,抛出"大国不能欺负小国";同年 4 月,美国国防部部长卡特在东亚之行、总统奥巴马在访问牙买加期间发表类似表态,宣称中国正利用

"块头和肌肉"挤南海地区一些"小国";2016年2月,美国国家安全事务副助理罗兹"强调",不能通过"以大欺小"解决任何领土争端;5月上旬,拉塞尔再次跳出来称,"航行自由"对"小国"很重要,要避免它们的渔船和货轮遭"大国"阻拦;5月下旬,奥巴马在访问越南期间发表演讲,"大国不应威胁恐吓小国"。

对于美国的"大小"与"是非"挂钩论,中方的表态一贯明确,且逻辑明晰:一、中国在国际关系中一向倡导大小国家一律平等,反对大国欺负小国,同时也认为小国不能无理取闹;二、大小国家一律平衡,不仅是指权益上的平等,也是指在适用国际规则上的平等。

事实上,无论是溯源中国传统的政治哲学,还是考察西方殖民统治东南亚地区之前的中国睦邻之道,都能得出一个结论:中国与美国念兹在兹的"以大欺小"逻辑和实践格格不入。

早在2000多年前,中国古代的政论家、策论家们就对"大国""小国"的相处之道有过深入考察。《孟子·梁惠王章句下》记载,齐宣王问:交邻国,有道乎? 孟子对曰:惟仁者能以大事小,惟智者能以小事大。提出了以"仁""智"处理大国小国关系。再如充满"非战"光芒的《墨子》一书中直言,"大国之攻小国,譬犹童子为马也一","处大国不攻小国,处大家不篡小家"。

把视线转向历史上的南海,便能更清楚地看出,南海上千年的和平,正是基于南海周边地区流行的平等精神和气质。在文明、文化的发展历程中,相对于南海周边诸国,历史上中国始终是公认的"大国",但中国与南海周边诸国的交往,向来恪守规则、规律、平等,从不曾"以大欺小",更不会采取诞生于近代西方扩张和殖民史的"强权即公理"的行动。

不仅如此,历史上中国曾以各种经贸交易规则帮助南海周边国家抵御西方殖民和掠夺者的"以大欺小""恃强凌弱"。

17世纪德国探险家约翰·阿尔伯特·孟德斯在《东印度游记航程总汇》中记载，印度尼西亚与中国商船的通商由来已久，商品交换以中国商船提供的铅钱为媒介，这种独立于货币的往来方式使得印度尼西亚本地的商人们并不完全依赖本国货币，这使得西方商人企图通过操作货币汇率来最大化财富掠夺的做法失效。

在《十七世纪暹罗外交档案》一书中，也记载了那一时期中国商船对泰国进出口贸易的重要性，特别提及中国商船是平衡西方商人在暹罗掠夺财富的平衡器。

今天最热衷于将"以大欺小"挂在嘴上的一些国家，近现代史上是对南海周边东南亚地区荼毒和戕害最深的"大国"。美国通过帝国主义战争侵占和殖民统治菲律宾，发动越南战争，轰炸老挝、柬埔寨等小国；日本第二次世界大战期间侵略绝大部分中南半岛并屡次犯下屠城、"死亡行军"等恶魔般罪行。

如果将视野放在南海以外，作为超级大国，美国以"极大"欺"极小"的记录也不胜枚举。从拉丁美洲，到中东地区，从巴拿马、尼加拉瓜、古巴，到伊拉克、阿富汗、利比亚……美国"以大欺小"案例之多，足够重写一本"丛林国际法"。

中华民族的血液中没有侵略他人、称霸世界的基因，中国人民不接受"国强必霸"的逻辑。这并非自我标榜，古有历史渊源，今有治理实践。新中国成立后，中国已经与14个陆地邻国当中的12个依据历史事实和国际法基本准则，通过双边磋商和谈判，划定和勘定了边界。就面积而言，这12个国家中有5个国家小于现在与中方在南海问题上争议比较突出的菲律宾；就人口而言，有10个国家小于菲律宾；就经济体量而言，中国相对这些国家也堪称"大国"。

用"以大欺小""自我孤立"等给中国贴标签，从而混淆衡量是非和正义的公认标准，这在本质上是美国在南海问题上"舆论战"策略之一。美国国家利益中心防务政策高级研究员哈里·卡齐亚尼斯称之为对中国发起的"羞辱战"。目的何在？卡齐亚尼斯说得很直白："华盛顿可以利用这项计划使北京在中国南海陷于守势"。

《宪章》序云："力行容恕，彼此以善邻之道，和睦相处"。对照此言，美国在南海问题上的"大小"论不仅无以明"是非"，更是在挑拨"是非"。徒增笑耳！

（据新华社北京 2016 年 7 月 18 日电
新华社记者　冯武勇）

任性的规则

——历史天平上的南海仲裁案(六)

在南海问题上,美日及其一干盟众张口闭口就是"规则""法治"云云,似乎他们才是"规则"的创造者、定义者、制定者、执行者、监督者乃至终极裁判者。

规则的发源、发展与特定的时空背景、历史经纬、地理环境、文明特质息息相关。这些内生的规则有顽强的生命力。例如,古希腊的"城邦规则",被视为近代西方民主制的先祖。中世纪以来的"骑士规则",部分精神被后世的战争和军事规则所吸纳。

同样,历史上,南海沿岸国家和人民漫长而频密的交往中,始终存在着基于共识和自觉性的内生规则。

特殊的经济领域和地理空间配置,往往会聚合性产生巨大的社会推动力,由"点"及"面"式的港口经济,往往会推动一片以海洋为中心的区域性文明。如14世纪以热那亚、威尼斯、巴塞罗那为支点形成的地中海文明圈,以及以吕贝克、汉堡、里加为支点的波罗的海文明圈。法国学者弗朗索瓦·吉普鲁认为,古代南海周边也有非常类似的经济结构与地理配置,因此他把南海比作"亚洲的地中海"。特别是在18世纪,得益于阿拉伯、印度、葡萄牙和中国贸易网络的交汇,中国南海成为欧亚贸易的焦点。

南海地区的商贸规则自古有之。吉普鲁在《亚洲的地中海》中写到，在东南亚被西方殖民统治以前的漫长岁月里，南海的海上贸易呈现三大特点：贸易由中国远洋船只开展，官员和船员都是中国人，中国贸易体系指导南海贸易规则。

17世纪，尽管西方人介入使南海航行不再像以往那样自由与安全，但中国的商船依旧定期出海远航南海周边国家，有时甚至承担起在几个国家之间贸易往来的责任。公正、公平、文明、有序是南海诸国史料文献中对中国商船的评价。1634年，中国商船在暹罗的贸易出现供不应求的状况，但当时暹罗的船只因技术原因无法远航到中国来直接贸易，因此有人用船装载了谷米和木材前往爪哇专门等候中国商船，所要交换的项目包括"三千至四千件陶器、两千支金线、六百口大铁锅、两千条毛毡、一百担细瓷器、一百担生铁和二十斤丝线"。

南海地区的航行规则自古有之。在南海周边国家，中国人主动把先进造船、航海技术传授给当地人，使整个南海周边的通航水平不断提升。据《十七世纪暹罗外交档案》，定居暹罗并从事航海工作的华人为推动暹罗及周边的航运技术进步发挥了至关重要的作用。1679年，暹罗的远航船只基本上全部由华人集资建造，使用的也完全是中国技术。17世纪，暹罗国王的公务船和商务船无论在国内行驶还是远赴海外，都由中国人驾驶。到了18世纪，暹罗建成了南海周边最大的造船中心。

平等分享、重信守诺、共御掠夺，这些不仅是中国商人在南海留下的口碑和规则，也是南海地区长期保持和平与繁荣的法宝。以自由促交流，以共享促繁荣。放在今天，这样的规则也没有过时。

规则是内在的，但并不排斥进化。从"两国交战，不斩来使"到保护战俘权利的《日内瓦公约》；从"刑不上大夫"到"法律面前人人平等"。无论东方，还是西方，"墨守成规"从来不是政治智慧。回到南海问题,中国与东盟国家2002年签署《南海各方行为宣言》,"南海行为准则"正在磋商,这正是以建设性的姿态与时俱进,完善规则。

也正因为规则是内生的,规则要有节制。"橘生淮南则为橘,生于淮北则为枳""邯郸学步""东施效颦""鹦鹉学舌"……中国古代这些成语、谚语中体现的智慧和洞察,正是对生搬硬套规则的讥诮和警示。

不顾各种内在差异,不讲节制的套用"规则",割裂"规则",甚至用武力将自己的"规则"强加于人,古今都有大量悲惨教训。远的不说,就以美英发动的伊拉克战争为例,就是试图用枪炮将西式"民主"规则强加于伊拉克在内的广大中东地区的典型悲剧。再比如,驻日美军在冲绳滥用日美地位协定"规则",犯下种种恶行,给冲绳妇孺乃至日本公众带来莫大伤害和羞辱。

遗憾的是,在菲律宾阿基诺三世政府单方面提起的南海仲裁案中,仲裁庭对"规则"丧失了应有的节制和谦逊,扩权、越权、滥权,对包括《联合国海洋法公约》在内的"规则"的完整性、权威性造成了实质损害。而美国等域外势力割裂利用"规则"介入南海问题时,断章取义、双重标准、偷天换日,名为维护规则,实则破坏规则。

中国古代神话中,有一种叫"獬豸"的独角神兽,擅辨是非曲直,见有纷争之无理一方,即拿独角触之、去之。菲律宾、美国、仲裁庭……有胆站在獬豸面前吗?

(据新华社北京2016年7月19日电

新华社记者　冯武勇　凌朔)

倏忽的尘埃

——历史天平上的南海仲裁案（七）

671 年，玄奘法师西行求法返回长安后的第 26 个年头。

一位名叫义净的高僧，又一次踏上了前往印度的求法路。但这一次，他并未选择西行陆路，而是从南海出游。从扬州，到广州，义净搭乘一艘波斯商船出海，过琼州，泛海 20 多天后抵达室利佛逝（今苏门答腊）。义净在那里学习了半年声韵学后，孤身前行，先后落脚末罗瑜国（今苏门答腊）、羯荼国（今吉打）、裸人国（今尼科巴群岛）等地，又历时 1 年多抵达印度。义净在玄奘曾经学习过的那烂陀寺求学 11 年后又从南海返回，途中在室利佛逝、末罗瑜收集并抄写佛经又 10 年。695年，义净返回洛阳。在西行和游历南海的 25 年间，义净走访南海周边古国 30 多个，不仅给这些古国的文化与传统留下了宝贵的技术，还把很多中华文化传播到这些地区。

鲜为人知的是，同一时期前往印度的中国僧侣竟有 60 多位之多。而且，他们中的绝大多数都取道南海，因为那时的南海，交通相对便利、快捷、安全。这些僧侣中，有些人后来长期居住南洋，成为早期华侨。他们在研佛求法的同时，还深刻带动了南海周边的哲学、文学、医药、绘画、雕塑、建筑、艺术等领域的发展。

这只是南海史中短暂的历史片段。

南海,成型于第四纪冰期的结束,海水上升,分隔开曾经连成一片的东南亚类次大陆,中央洼地成了今天的南海,其地理历史不过万年。(参见[美]戴尔·布朗《东南亚:重新找回的历史》)但是,正是这片年轻的水域,从肇始之初就承载着周边各国最和平与纯粹的愿望,它们用叶叶扁舟为使者,相互交往与交融,相互吸纳与学习。包容,是南海亘古未变的品格,这种特性,造就了这片海域长期的稳定与发展,使之从未像地中海或波罗的海那样被无休的战争所纠缠,直至西方殖民者的到来。

南海广阔海面上,南海漫长人类活动史中,不仅各类宗教和思想流派在交汇与碰撞,各种技术也在流传与分享,各种物种广为传播,各种文学生根与融合形成新的文化力量。今天,在南海周边的巴城、泗水、马尼拉、万丹、北大年、马六甲、吉兰丹、大城、八莫等地,很多古代文明交汇点的特征依稀可见,那是南海包容品格的传承。

技术分享是南海包容品格传承的重要动力。在今天的马来西亚、泰国、老挝、缅甸,有一种类似筒裙的下裳服饰,在马来西亚叫"纱笼",泰国叫"帕同",老挝叫"帕辛",缅甸称"隆基",据传可以溯源到三国时期。当时,吴国孙权派朱应和康泰出使扶南国(今柬埔寨一带),帮助当地人改进了织布技术,创造出用布围裹的下裳,改变了当地男性裸俗的习惯。在农业方面,《闽书》详细记载了明朝万历年间番薯从菲律宾传入中国的经过。而宋代时中国南方种植的水稻,据《事物纪原》记载,则传自占城,即今天的越南。在工艺方面,交趾(今越南)的甘蔗种植和蔗糖生产法在汉代就传入中原。明朝永乐四年(1406年),明成祖营建都城北京,交趾宦臣阮安负责总体设计了北京城留存至今的九门内城格局。他后来还参与了紫禁城的规划。在中医药方面,今天我们熟悉的薏仁米,传自越南;乳香、片脑、沉香、降香则来自马六甲、彭亨、柔佛一带;苏木、大枫子、胡椒、槟榔传自暹罗(今泰国);而白豆蔻则由柬埔寨传入。这些外来药材传入中国的情况,被记述在《新修本草》《本草拾遗》等医书中。

人文交流是南海包容品格传承的重要方式。在朱应和康泰出使后的东晋及宋齐梁陈时期,扶南遣使中国 20 余次。位于今天泰国南部的狼牙修国在 515 年至 568 年间经南海来使 4 次。明清时期,暹罗在公务、翻译、外交、财政等各领域还大量任用中国人为官吏。《海国见闻录》写道,暹罗"尊敬中国,用汉人为官属。理国政,掌财赋"。为了能与南海周边国家更加通畅地交往与沟通,中国不少朝代都有官办的外语培训机构。明朝永乐五年(1407 年),朝廷设"四夷馆",隶属翰林院,馆内有"缅甸馆""暹罗馆"等,选国子监生学习外语,聘外国教师授课。1577 年,朝廷从暹罗请回 4 位教师握文源、握文帖、握文铁和握闷辣,招收学员 12 人。1371 年,暹罗还向明朝朝廷派出第一批官员组成的留学生,在北京的国子监学习汉学。

艺术交融是南海包容品格传承的内涵外延。《后汉书》记载,120年,掸国(今缅甸)王雍由调向东汉宫廷献"幻人"。他们算是最早期的魔术师,能"变化、吐火、自支解、易牛马头"。唐朝白居易有诗"玉螺一吹椎髻耸,铜鼓一击文身踊。珠缨炫转星宿摇,花鬘斗薮龙蛇动",描述的则是骠国(今缅甸)艺人献乐长安的景象。还有,中国古代制瓷艺术的每一次改进和创新,离不开南海交通与南海周边各国的丰富物产。明代彩瓷工艺走向巅峰就与郑和下西洋从苏门答腊和槟榔屿带回的苏泥、勃青以及文莱、苏门答腊的紫啡、胭脂石密切相关。

这些故事,很多西方人未必知道,也许不屑于知道。但他们必须要知道,历史上的南海,见证过列国纷争,见证过陈兵论战,见证过殖民侵略,见证过干涉占有,见证过掠夺压榨,见证过文化清洗,见证过阴谋诡计。今天某些西方人演绎的一切伎俩,在历史面前,如尘埃般,不名一文。

历史上的南海,广博浩渺,胸襟开阔,包容以宽。

历史上的南海,把那些正向的能量一一载入史册。至于那些鸡鸣狗盗的勾当,只会随风飘散,不留影踪。

在涵今茹古的南海历史巨幅卷轴中,在历史的天平上,南海仲裁案之流的小把戏,宛若微尘,倏忽飞散。

（据新华社北京 2016 年 7 月 20 日电

新华社记者　凌朔）

第七部分　起底仲裁庭

　　从仲裁庭的组建、人员构成、运作程序、费用来源、法律缺陷等视角切入,多维呈现南海仲裁案披法律外衣、花钱买"裁决书"的闹剧本质。

摘去草台班子的光环

2016 年 7 月 12 日,一个由 5 名仲裁员组成的仲裁庭,对南海仲裁案作出了所谓最终裁决。且不论仲裁结果极其荒唐,就是这个"草台机构"诸多的不合常理之处、不合情理之处、颇多疑点之处、让人费解之处,也很让人质疑。

用别人的抬头信纸办公

2016 年 7 月 12 日,所谓最终裁决结果以向有关国家以及机构媒体发送电子邮件的形式发布。邮件的发件人,是设在荷兰海牙的"常设仲裁法院"。邮件抬头,也是"常设仲裁法院"并带有其徽标。这让人直观理解为,裁决是由常设仲裁法院作出的。

常设仲裁法院的办公地点位于海牙的和平宫,那里也是联合国国际法院所在地。但常设仲裁法院与仲裁庭之间,恐怕也只能算有"半毛钱关系",因为前者受后者"雇佣",提供后者的书记服务。

仲裁庭是个临时搭建的班底,除了 5 名仲裁员外,没有统一的办公地点、没有秘书人员、没有办公用品,甚至连公共邮箱、抬头信纸等一干必要"官方证明"都没有。这种情况下,如何仲裁一桩"国际大案"呢?

仲裁庭于是请常设仲裁法院代为承担秘书服务,为其发布消息,发布每一个环节的信息。为此,仲裁庭要给常设仲裁法院支付一笔不菲的服务费。

2013年7月,也就是仲裁庭成立的第二个月,它以人力和资源有限为由,把秘书服务正式"外包"给常设仲裁法院,具体服务内容包括协助查找和指定专家,发布信息和新闻稿,组织在海牙和平宫举行听证会,支付仲裁员和其他人员的费用,等等。至于花销与收入的细节,"起底仲裁庭"系列报道后续会有单独成文的调查。

这么一来,仲裁庭仿佛就穿上了有100多年历史的常设仲裁法院的"真皮外衣"。

无人认领的山寨组织

常设仲裁法院4名中国籍仲裁员之一的刘楠来老先生已经80多岁。他告诉新华社记者,常设仲裁法院历史悠久,在国际上具有很高的权威性和公信力,对仲裁员的门槛要求也很高。但相比之下,仲裁庭对仲裁员要求较低,门槛也没那么严格。因此,仲裁庭总想与常设仲裁法院捆绑在一起,有借助后者的名气抬高自己身份的想法。

"驴蒙虎皮"的仲裁庭所谓裁决结果出炉后,好多机构纷纷表达"不开心",有的明确表示与之撇清关系。

2016年7月14日,联合国秘书长发言人迪亚里克在例行记者会上再次表示,仲裁庭的运作与联合国秘书长没有关系。

联合国主要司法机构国际法院也不愿被人误解与这桩仲裁有瓜葛。

2016年7月13日上午,新华社海牙分社记者向国际法院提问:

"南海仲裁案裁决结果公布后,很多西方媒体报道说'联合国支持的法庭'甚至'联合国法庭'对南海案作出裁决。国际法院可否置评?"当天下午,国际法院在其官网刊出中英文声明:"南海仲裁案裁决结果由常设仲裁法院提供秘书服务的一个仲裁庭作出。国际法院作为完全不同的另一机构,自始至终未曾参与该案,因此在国际法院网站上无法查询到相关信息。"

2016年7月15日,国际法院新闻部负责人安德烈·波斯卡库金向新华社记者重申,一些媒体对南海仲裁案仲裁庭确实存在误解,"事实上,国际法院与南海仲裁案没有丝毫关系"。

在德国汉堡,国际海洋法法庭也出面发声。国际海洋法法庭新闻发言人朱莉娅·里特尔向新华社驻柏林记者澄清:"仲裁庭不从属于国际海洋法法庭。"她说,国际海洋法法庭与《联合国海洋法公约》(以下简称《公约》)第287条第1款提及的所有法院、仲裁庭都不存在上下级从属关系,因此不会对"其他法院或法庭"作出的裁决发表评论。

国际海洋法法庭于1996年10月在德国汉堡成立,共有21名法官。该法庭是根据1994年生效的《公约》成立的。如果连依据《公约》成立的国际海洋法法庭都与仲裁庭没有丝毫联系,那么,仲裁庭岂不是黑户?

一个日本人主导的闹剧

南海仲裁案仲裁庭确实出自《公约》附件七。依据《公约》第十五部分"争端的解决",菲律宾在解决争端的"四选一"机制中选择了C项,即依照附件七组成仲裁庭。

仲裁庭5名仲裁员中,由提起程序的一方指派1人,由争端他方指派1人，其他3人由争端双方以协议指派。由于中国从一开始就坚定了不接受、不参与的立场，5名仲裁员无法凑齐，此时，柳井俊二出现了。

《公约》确实规定了在双方无法协议指派另外3名仲裁员的情况下，可由国际海洋法法庭庭长作出必要的指派。柳井是时任国际海洋法法庭庭长，由他指派在《公约》程序上看似合规。

但问题在于，柳井本人具有颇多争议，特别是他的日本籍身份以及他与日本安倍政权的亲密关系。另外，他还在涉及东海等问题上有过鲜明的立场。这些因素决定了他理应主动回避南海仲裁案。而且，关于法官是否适合司职的规定，不仅有《公约》限制，更有很多其他国际司法条文约束，这方面的调查，后续报道会有独立陈述。

柳井的出现，反映了《公约》程序的公正缺陷，因为它放大了庭长的个人意志，损害了仲裁的正当性。这些法律界的担忧，在后来的仲裁进程中，表现得淋漓尽致。

另外，成立仲裁庭解决有关争端的方式在法律界一直有争议，因为，在仲裁庭的管辖权问题上，《公约》附件七规定，由仲裁庭决定自己是否具有管辖权，这本身就是一个明显的"逻辑陷阱"，等同于集解释权与司法权于一身的"霸王条款"。

当5人仲裁庭如何"点将"成为柳井"个人意志的舞台"，当仲裁庭解释权和司法权掌握在仲裁员自己的手中时，不能不说，整个南海仲裁案都在受柳井一人意志的影响。

裁决书不专业不严肃

事实证明，在后来的裁决书中，多处显示出"低门槛"仲裁员作出的不严谨判断,并反映5人仲裁庭的政治倾向性。

刘楠来不仅是一名常设仲裁法院的仲裁员,也是中国社科院国际法研究所研究员。他在仔细分析仲裁庭的裁决书后,认为存在很多专业上的不严肃和不专业。例如,在有关岛礁地位的裁决中,仲裁庭自称指定了"一名水文地理专家协助评估菲律宾的技术性证据",这名专家同意了菲律宾关于一些岛礁的认定。

刘楠来说,仲裁庭仅仅根据"一名水文专家"和菲律宾单方面观点就作出裁定,没有完整的证据链,这是很不严肃的做法。实际上,对于南海岛礁的实际情况,国际上存在不同说法,不少很有声望的地理学家和海洋法学家都认定太平岛是岛,而非礁。

刘楠来还认为,仲裁庭故意模糊和回避岛屿归属问题,试图通过否定"九段线"的历史性权利主张来否定"九段线"的合法性,从而否定中国对"九段线"以内的岛礁主权,正是迎合了某些国家的需求,这也是对《公约》不判断主权归属的违背。

另外,不少法律界人士在阅读裁决书的英法文原版后都读出一种傲慢、武断和偏激的味道,不知是因为不专业所致,还是"有感而发"的情绪所致。

一言以蔽之,否认所谓仲裁的最有效办法,就是摘下仲裁庭的光环让世人看清楚:草台班子的裁决如同草台本身一样不值一文!

(据新华社北京2016年7月15日电

新华社记者　张伟)

柳井与仲裁庭的那些勾当

南海仲裁案是一场披着法律外衣的政治闹剧,这场闹剧的角色分工相当明晰,有编剧,有导演,有主演,有配角,也有跑龙套、敲边鼓的。其中,日本资深外交官、国际海洋法法庭前任庭长柳井俊二在组建仲裁庭过程中扮演了关键角色。

虽然建这个仲裁庭在表面上符合《联合国海洋法公约》(以下简称《公约》)的相关规定,但柳井独特身份、特殊背景、过往言论、政治倾向等一干因素,都与《国际司法独立性原则》(BHP)(以下简称《原则》)的规定相违背。这决定了这个仲裁庭从组建之日起便存在公正性与合法性的原初缺陷。

柳井的职业形象:"亲美遏华"的"右翼鹰派"

《原则》第10段明确指出,与争端一方当事国存在的过往联系,可能构成对法官公正性质疑的依据。在司法实践中,这种过往联系往往取决于法官的过往职业背景。

在柳井漫长的职业外交官生涯中,有两个鲜明的烙印。一是"亲美遏华",二是"右翼鹰派"。而他与安倍晋三千丝万缕的关系更是尽人皆知。这样的职业背景和政治取向,构成他在国际海洋法法庭任职时的价值取向底色。

柳井 1961 年进入日本外务省,此后 40 年间,先后出任条约局局长、综合外交政策局局长、外务审议官(副外长级)、事务次官(最高位阶职业官僚)、驻美大使等多个要职。

在外务省任职期间,柳井曾参与钓鱼岛问题、日美安保等敏感事项。1996 年 10 月,柳井代表日方,出席在东京举行的中日副外长级磋商,主要议题包括钓鱼岛、日美同盟、历史问题等。1997 年 8 月,已升迁至事务次官的柳井在记者会上暗示,日美防卫指针的适用范围将包括台湾海峡。

2001 年 10 月,因卷入外交机密费挪用丑闻,柳井受到严重训诫处分并遭解职。然而,就是这么一个有职业污点的人物,2005 年被日本当局举荐到国际海洋法法庭出任法官,并于 2011 年至 2014 年担任法庭庭长。2014 年 6 月,柳井连任国际海洋法法庭法官,但不再担任法庭庭长。

正是在柳井担任庭长期间,菲律宾单方面发起了南海仲裁案。庭长的权限使柳井得以决定组建仲裁庭,并在中方缺席的情况下指定 5 名仲裁员中的 4 名。

安倍政府和阿基诺三世政府的这种"默契",恐怕已经很难用"巧合"来描述。

一个"巧合"接着一个"巧合"

2013 年 1 月 22 日,菲律宾阿基诺三世政府就中菲在南海的有关争议单方面提起仲裁时,新加坡国际问题研究所所长戴尚志敏感地意识到"日本"因素。他同年 1 月 29 日在《南华早报》撰文指出:"日本的角色将受到质疑。"

戴尚志指出两处"可疑性"。疑点之一是 2012 年 12 月安倍晋三上台。2013 年 1 月,外相岸田文雄选择马尼拉作为出访第一站,并承诺向菲律宾提供海岸警卫队船只。

日本外务省发布的 1 月 10 日日菲外长会谈概要显示,岸田与菲律宾外长德尔罗萨里奥"双方围绕南海问题达成共识:重要的是,所有相关国家应遵守联合国海洋法公约等相关国际法;并就(南海问题)继续合作达成了一致"。戴尚志在文中提醒说,考虑到"东京与北京的关系因尖阁群岛/钓鱼岛而日渐紧张,有人会质疑,在岸田文雄访问后不久菲律宾就提出这一法律挑战是否巧合"。

戴尚志点出的另一个疑点是:"国际海洋法法庭庭长是日本人柳井俊二。"而根据《公约》附件七第 3 条,国际海洋法法庭庭长在特定情形下有权指认、组建特设仲裁庭。

从后来围绕组建仲裁庭的事态进展看,不得不说,戴尚志的直觉是正确的——5 人组成的仲裁庭中,除 1 名德国籍仲裁员为菲方指派外,其他 4 名分别来自法国、荷兰、波兰、加纳(英国双重国籍)的仲裁员均由柳井一手指派。

其间有个小插曲。柳井一开始指派的仲裁庭庭长是斯里兰卡人平托,但平托因妻子是菲律宾人请求回避。

其实,更应该回避的正是柳井本人。

一边当"国际法官",一边当"首相智囊"

《原则》第 8 段明确规定,法官/仲裁员从事的司法职能以外的活动不得与司法职能相冲突,不得减损其司法任职的公正性。

然而,柳井作为国际海洋法法庭法官的"硬伤"恰恰在于,他在国际海洋法法庭任职期间"一心两用",并深度参与到与日本军事、安保政策密切相关的政府智囊团中。

小泉政权期间,柳井被选为首相咨询小组安全保障和防卫力恳谈会成员。2007年,安倍晋三组建首相咨询小组安保法制恳谈会,选用柳井出任会长,重点讨论修改与集体自卫权解禁相关的宪法解释。后因安倍辞职,"恳谈会"暂歇。2012年安倍重新上台后,马上重启"恳谈会",仍由柳井担任会长。2014年5月,"恳谈会"向安倍提交了建议修改宪法解释、解禁集体自卫权的报告书。安倍政府以此为蓝本,在一年多时间内,飞速完成了解禁集体自卫权的新安保法立法。

众所周知,近些年,中日就钓鱼岛主权及海洋划界问题的分歧与矛盾十分突出。作为一个致力于修宪以解禁集体自卫权,致力于扩大日美军事同盟、从而试图通过武力威慑取得对华优势的日本首相政策智囊团的首脑,柳井的这一司法职能外的职位定位,显然极不适于介入南海仲裁事宜。

一个蔑视联合国作用的
日本式"海洋法治"鼓吹者

根据《原则》第7段规定,法官/仲裁员享有的言论与结社自由不得妨碍其司法职能公正、独立的践行。

柳井作为日本右翼阵营代表人物,个人政治立场非常明确。安保法制恳谈会任内,柳井在日本媒体上多次强调,日本"没有放弃宪法第九条的集体自卫权"。

2007 年 5 月,柳井在东京的一次演讲中放言,"拦截导弹不用的话太浪费了",试图以此强调有必要修改宪法解释。

2013 年 8 月 4 日,在仲裁庭组建刚满 1 个月,柳井以安保法制恳谈会会长身份参加 NHK 节目,公开阐述政治立场,认为日本的岛屿受到了威胁,强调日本存在敌人,需要强化武力等多方面来保障日方安全。这番言论针对中国的意图相当明显。这种在敏感时期,主动、正式、公开的媒体表态,足以表明柳井在处理仲裁案争端方面的公正性存在重大瑕疵。

在同一个节目中,柳井甚至扬言,在安全保障方面,联合国实际上没用,只能靠日美安保条约。这与其在其他国际场合以国际秩序维护者的形象大相径庭。

2016 年 2 月,在日本外务省主办的第二届海洋法国际论坛上,柳井发表主旨演讲,对安倍在香格里拉会议、七国集团峰会等场合抛出的"海洋法治三原则"大加赞赏。不难想象,在国际司法实践中,他已经彻底把安倍政府的"海洋法治"代入到国际法规则中。

有缺陷的鸡蛋孵不出健康的鸡崽

柳井与日本政府的关系不仅仅止于"日本前资深外交官",且其一贯言行清晰显示出柳井对中国公然持"遏华"态度;其在日本国内与安倍政府的密切关系和行为与其在国际海洋法法庭的司法身份要求的公正性、独立性形成冲突。

换言之,身为国际海洋法法庭庭长的柳井在南海仲裁案事项中是"利益相关方",公正性严重存疑,构成《原则》规定的法定回避事由,理应回避此案。

日本外务省中国课前课长浅井基文曾与柳井共事。他告诉新华社记者，柳井俊二曾经担任过安保法制恳谈会的会长，是安倍的"好伙伴"，这个仲裁庭也是柳井在考量安倍政权意向的基础上搭建的。

浅井认为，由柳井来决定仲裁员，简直难以想象。"如果他们真的有意开展公平仲裁，就应该选择充分了解亚洲、了解南海现状的人来担任，但柳井选出的人选完全体现不到这一点。从这次裁决结果也可以看出，这是由一些完全不了解南海的人、肆意作出的判决，在判决之前，结论就已经事先准备好了"。

正如有缺陷的鸡蛋孵不出健康的鸡崽一样，有缺陷的"法官"又怎么能够凑出个合格的仲裁庭呢？

中国外交部发言人2016年7月12日指出，柳井在协助安倍政权解禁集体自卫权、挑战第二次世界大战后国际秩序的束缚中发挥了重要作用。"从此可以看出，仲裁庭从成立之初就已政治化了。该仲裁庭的成立就不具有合法性，其越权审理并作出的所谓裁决是非法的、无效的"。

这也是大多数明理、明眼的人们对柳井及其拼凑的仲裁庭性质的精准仲裁。

（据新华社北京2016年7月16日电

新华社记者　冯武勇）

欺世盗名的"怪胎"

——揭露南海仲裁案仲裁庭的真面目

2016 年 7 月 12 日,菲律宾单方面提起的南海仲裁案"闹剧"宣告落幕。曲终人散,这个颇具争议的仲裁庭也就此退场,在国际法史上留下一段不光彩的印迹。

在菲律宾阿基诺三世政府违反中菲共识、违反国际法,单方面强行推动的这起仲裁案中,仲裁庭扮演了恶劣而荒唐的角色。这个仲裁庭的一系列操作漏洞百出,几无公正权威可言。新华社记者通过采访调查,从机构组建、运行程序、人员构成、实体裁决等方面,揭示出其假借"仲裁"之名违反国际法之实的本质。

非法无效的草台班子

所谓南海仲裁案裁决公布后,众多媒体尤其是西方媒体纷纷以"联合国背景的仲裁庭作出裁决""常设仲裁庭作出裁决"等发布消息。然而,事实并非如此。

南海仲裁案仲裁庭是根据《联合国海洋法公约》(以下简称《公约》)附件七在海牙组建,属于因案而设、案终而撤的临时班子,绝不是

"国际法庭"。记者采访调查发现，仲裁庭与同样位于海牙的国际法院（ICJ）没有任何关系，后者是联合国主要司法机关，根据《联合国宪章》设立。

仲裁庭与位于德国汉堡的国际海洋法法庭（ITLOS）没有直接关系。唯一沾得上边的是，根据《公约》附件七的要求，如果当事方没有指定仲裁员，则由国际海洋法法庭庭长（在本案中为日本籍前庭长柳井俊二）代为指定。

仲裁庭与常设仲裁法院（PCA）也没有直接关系。略微有关的是，常设仲裁法院为本案仲裁庭提供秘书服务，并将位于海牙的和平宫租借给仲裁庭作为庭审场所。

可见，本案仲裁庭，并不是常设仲裁机构，也不是国际海洋法领域的权威司法机构，其程序规则也是仲裁员拟定的、仅适用于本案的临时性仲裁规则。

为以正视听，北京时间2016年7月13日晚间，国际法院在其官方网站首页发布提示信息称，国际法院希望媒体和公众注意，南海仲裁案裁决结果由常设仲裁法院提供秘书服务下的一个仲裁庭作出。国际法院作为完全不同的另一机构，自始至终未曾参与该案。

联合国官方微博2016年7月13日也发布声明称，常设仲裁法院与联合国没有任何关系。

从2013年以来，仲裁庭不顾中方反对，打着法治和规则旗号，一味接受菲律宾阿基诺三世政府的非法无理主张，偏离了第三方程序应有的公正立场，随意扩权、滥权，强行作出所谓裁决，开了一个危险的先例。

"仲裁庭不顾中方表达的严正立场，任意扩大管辖权，完全无视南海的历史和现实，曲解《公约》有关规定，从一开始就把《公约》这本经念歪了，其越权、扩权作出的非法裁决自然非法无效。仲裁庭代表不了国际法,更代表不了国际公平和正义。"国务委员杨洁篪 2016 年 7 月 14 日在接受媒体采访时说。

"这个仲裁庭完全是一个临时机构,它和其他国际权威司法机构没有任何正式关系。它不为裁决结果负责,也没有任何机构为这个仲裁庭背书。"武汉大学中国边界与海洋研究院副院长孔令杰说。

随意轻率的组成程序

国际权威司法机构均有严格的组成程序。比如,国际海洋法法庭法官由《公约》缔约国大会选举,获得 2/3 缔约国表决中 2/3 票数,且该票数应为全体缔约国的过半数当选,庭长和副庭长由法庭选举产生;国际法院法官由联合国大会和安理会分别选举,法定参会人数过半数当选,法院院长和副院长由法官投票选举产生。

在组成人员方面,根据有关国际规则和国际司法实践,法官和仲裁员的选任应尽可能全面代表世界各个地区和不同法律体系。因此,国际法院由来自各大洲的 15 名法官组成,国际海洋法法庭更有多达 21 名法官。

反观南海仲裁案仲裁庭,首席仲裁员和仲裁员由指定和协商产生。仲裁庭法定成员为 5 人。根据《公约》附件七第 8 条规定:"仲裁庭裁决应以仲裁员的过半数票作出,不到半数的仲裁员缺席或弃权,应不妨碍仲裁庭作出裁决。"也就是说,以 5 名仲裁员为例,3 名仲裁员参与投票即可作出裁决。

分析人士认为,少数仲裁员对案件包括证据在内的诸多方面拥有绝对控制和自由裁量权,把涉及重要海洋利益甚至是国家核心利益问题交到多则 5 人、少则 3 人手中决定,显然轻率而无法接受。

"从实践中看,强制仲裁这种形式存在很大的缺陷,而这种缺陷在南海仲裁案中暴露无遗。"中国南海研究院院长吴士存说。

此外,在仲裁庭组建过程中,怪事连连,破绽不断。

在推选过程中,最初被任命的仲裁庭庭长、斯里兰卡前外交官平托,本来是唯一来自亚洲的仲裁员。然而,平托接受任命后即被发现其夫人持有菲律宾国籍,这违背了国际司法和诉讼中关于利益冲突和回避两项基本原则。更不可思议的是,平托辞职后不到三个星期,不在"名单"之列的加纳籍法官门萨就被指定为仲裁庭庭长。

这样,最终仲裁庭由 4 名欧洲籍仲裁员和长期居住欧洲的门萨构成。其中,德国籍沃尔夫鲁姆法官为菲律宾方指定,其余 4 人均由时任国际海洋法法庭庭长、日本籍法官柳井俊二代为指定,包括门萨和法国籍的科特、荷兰籍的松斯、波兰籍的帕夫拉克。其中帕夫拉克是柳井未与中方协商代为指定的中方仲裁员代表。

专家表示,南海问题是一个由来已久的、区域性的、高政治敏感度的重点海域纠纷。但仲裁庭中不仅没有亚洲籍仲裁员,而且从仲裁员背景看显然缺乏对南海问题、亚洲复杂的地缘政治以及历史与现实问题的充分了解。

"仲裁庭人员构成代表性严重不足,无法实现全面、平衡,这使仲裁庭的公正性受到根本质疑。"孔令杰表示,整个仲裁庭的组成人员普遍缺乏相应的专业知识,无法做到客观、独立的裁决。

破绽百出的所谓仲裁

然而,仅从最终确定的 5 人仲裁庭名单看,也有很多问题。

首先有必要了解一下仲裁庭的"操盘手"——柳井俊二,他指定了本案大部分仲裁员。

据各项资料显示,柳井俊二是日本资深外交官,也是日本右翼势力的代表。柳井长年担任安倍政府安保法制恳谈会会长职务。这一职务的实质就是安倍政府智囊团的首席。其个人政治立场非常明确。早在1990年海湾战争期间,任日本外务省条约局局长的柳井推动通过了日《联合国维和行动协力法》,让自卫队正式走向世界;2013年8月4日,在仲裁庭组建刚满1个月时,他以安保法制恳谈会会长身份参加日本NHK《星期日讨论》节目,并在节目中公开阐述政治立场,认为日本的岛屿受到威胁,强调日本存在敌人,需要强化武力等多方面来保障日方安全。2014年5月,正是柳井将要求"解禁集体自卫权"的报告书交到日本首相安倍手中。柳井还曾于1999年任日本驻美大使,深得美方信任。2001年10月,他因牵涉滥用外务省机密费受到处分而丢官赔款,其"职业道德"亦令人怀疑。

专家表示,虽然根据《公约》国际海洋法法庭庭长在特定情形下有权组建特设仲裁庭,但其政治背景和明显的政治倾向理应构成法定回避事由。

"由于日本与中国存在钓鱼岛争端,柳井俊二别说兼顾考虑中方利益,就连保持起码的客观公正都不可能做到。"吴士存说。

另外,仲裁员当中,除代中方指定的帕夫拉克外,其余4人均作为其他仲裁案的仲裁员出席。其中门萨(5起)和沃尔夫鲁姆(3起)居多,门萨同时兼任三个仲裁庭首席仲裁员。

法律专家表示,这种充分参与的其他案件可能会产生严重影响,导致预设立场和预判结果的可能,一定程度上对仲裁庭的公正性造成减损。

以菲律宾指定的仲裁员沃尔夫鲁姆为例,据查证,其曾在2010年12月至2015年3月仲裁的查戈斯群岛案(毛里求斯诉英国)中担任仲裁员。

沃尔夫鲁姆在查戈斯群岛案中,发表署名的联名反对意见,明确否认、批驳了英国的主张——案件涉及岛屿主权问题,故而仲裁庭不具有管辖权——认为案件所涉主权问题不影响仲裁庭的管辖权。

此外,在"北极日出"号案(荷兰诉俄罗斯)中,沃尔夫鲁姆虽不是仲裁员,但与另一法官联名发布单独意见,强烈批评俄罗斯"不应诉"。分析认为,这也容易造成对"不应诉"立场形成固有成见。

孔令杰表示,仲裁庭仲裁员的背景有明显瑕疵。如沃尔夫鲁姆一直以来都比较激进,在过往案例中热衷于"造法",即把海洋法公约上一些界定模糊的地方根据主观认识来完善补充。

仲裁庭人员构成代表性不足等种种问题,在国际海洋法法庭也引发争议。国际海洋法法庭前庭长、佛得角籍法官叶肃斯表示,他对4位仲裁员均来自欧洲深表关切。特立尼达和多巴哥籍法官卢次基曾在仲裁庭组成过程中致信柳井俊二,认为中国是被迫陷入仲裁程序。俄罗斯籍法官戈利钦表示同情中方在本案中的立场。

国际海洋法法庭奥地利籍前法官图尔克认为,仲裁庭来自欧洲的仲裁员明显偏多。"南海争端的本质是领土主权争端,不是单纯的法律问题,任何将涉及领土主权争端的政治问题包装成法律问题的做法都是自欺欺人。"

更为不严肃的是,个别仲裁员和专家证人在审理过程中出尔反尔,竟然推翻自己以往长期坚持的观点。

在2015年11月关于实体问题的庭审中,菲律宾所请专家证人斯科菲尔德教授,一改以往其学术成果中称太平岛为"岛"的说法,在本案中将其定性为"礁"。斯科菲尔德还曾撰文指出,南沙群岛至少存在12个符合岛屿定义并可以主张专属经济区和大陆架的岛屿。然而在仲裁庭听证时,他却反口称南沙群岛没有一个岛礁可主张专属经济区和大陆架。

还有,荷兰籍松斯教授曾长期主张,确定岛礁的法律地位是海洋划界密不可分的组成部分。但成为本案仲裁员后,这位教授一改过去的立场,反而认为岛礁法律地位的判定可以与海洋划界问题脱钩,从而为菲律宾恶意规避中方有关海洋划界的排除性声明背书。

有偿服务由谁买单

外交部副部长刘振民 2016 年 7 月 13 日在新闻发布会上表示,仲裁庭 5 名仲裁员是挣钱的,挣的是菲律宾的钱,可能还有别人给他们的钱,但可以肯定的是他们是有偿服务的。

根据法律实践,一般而言,仲裁庭由双方协议组建,相关费用均摊。但在本案中,提供服务的常设仲裁法院秘书曾 3 次要求中菲缴纳费用,用于支付 5 名仲裁员薪酬、庭审房租等,维持仲裁庭日常运转。中国因不接受、不参与这一仲裁,一次也没有缴纳。菲律宾不仅缴纳了自己的份额,为了保证仲裁进行下去,还代替中国缴纳了中国的份额。据了解,仅在 2016 年 4 月,菲律宾就向仲裁庭增缴了 85 万欧元。

仲裁庭运转需要一笔巨额费用。据有关人士透露,本案仲裁员的薪酬高达每小时 600 欧元,如按每日工作 8 小时计算,仲裁员每日薪酬为 4800 欧元。另外,当事国双方还需缴纳启动资金 50 万欧元。仲裁程序相关的所有开销都应得到偿付,包括差旅费、住宿费、电话费、传真费、复印费等。

目前关于仲裁案律师团队费用等,尚无公开资料可以查阅。有消息称,3 年来仲裁案大概费用开支约为 2600 多万欧元,约占 2015 年菲律宾财政预算的两千分之一。这也意味着,仲裁庭完全由菲律宾"包养"。

以上数字和菲律宾专栏作家里戈韦托·蒂格劳的说法相吻合。蒂格劳 2016 年 7 月 15 日在《马尼拉时报》头版发表文章说,菲律宾为南海仲裁案请律师,共花费了 3000 万美元,并要求美国为此买单。

在政治操弄下,由阿基诺三世政府强行推进而达成"非法无效"裁决,惹起菲律宾国内的怨声。"他们(美国)在南海没有主权声索,也不是《联合国海洋法公约》的缔约国……仲裁案给了美国干预南海事务的借口,美国中央情报局或者国务院应该给菲律宾报销这笔高昂的诉讼费和律师费。"蒂格劳说。

吴士存对此表示,与国际法院法官酬劳由联合国经费支付不同,仲裁庭仲裁员是明码标价、有偿服务。因中国不参与,因此整个案件所有费用完全由菲方承担,背后的猫儿腻不言自明。"仲裁庭也可以裁决自己没有管辖权,但如果这样的话,就意味着仲裁员们丢了自己的饭碗。"

事实再清楚不过了,南海仲裁案由始至终就是一场披着法律外衣的政治闹剧,其背后有着不可告人的图谋。

（据新华社北京 2016 年 7 月 17 日电

新华社记者　李忠发　邹伟　臧晓程）

给仲裁案算笔账

这世上,偏偏有人笃信"有钱能使鬼推磨"这句话是万能的。

南海仲裁案,从提起申请、组建仲裁庭、外包书记服务、直到出台所谓最终裁决,都是要花钱的。这是客观事实。

不敢说花钱就一定不公正。但自古以来,以主持公正大义为己任的超国家司法机关,都尽量避免与当事人或当事国发生金钱关系以示居中,例如国际法院。

《联合国海洋法公约》(以下简称《公约》)第十五部分规定了包括国际法院在内的4种解决争议的机制。但在南海仲裁案中,仲裁提请方偏偏选择了一种高收费、低门槛的选项来表达自己的主张。

菲律宾媒体披露,3年半来,菲律宾用纳税人的钱,在南海仲裁案上豪掷3000万美元,换来一张烫手的所谓裁决书和许多国家的不支持。

虽然菲律宾和仲裁庭都没有公开这笔账的明细,但从现有价目表、过往仲裁费等数据可以推断:为了最后这张纸,有人真肯下本,有人真没少挣。

专找"吃外快"的仲裁员

2013年1月,菲律宾选择按《公约》附件七成立仲裁庭的方式向位于德国汉堡的国际海洋法法庭提请仲裁。

成立这个仲裁庭，得花一笔钱。

因为仲裁庭当时还没有组成，因此，得花多少钱、钱打给谁，都不很清楚。

要想组成仲裁庭，首先要选择仲裁员。按程序，菲律宾率先指派一名仲裁员，中国也可以指派 1 名仲裁员，而后，由这 2 人共同协商选择另外 3 人。但中国不接受、不参加仲裁的立场，使得仲裁庭"凑不齐班子"。

为了推动仲裁，时任国际海洋法法庭庭长、日本人柳井俊二站了出来。他援引《公约》中的另一条条款，自己帮中国指派了 1 名仲裁员，以及剩下的 3 位。

班子有了，但这只是个临时搭起的草台班子。

仲裁一个跨国案件需要一整套配套服务，这对于连个账户都没有的仲裁庭而言，当务之急是必须找个"正规的壳"。所以，在仲裁庭组成后的一个月内，仲裁庭与常设仲裁法院达成了书记处服务协议，即由常设仲裁法院"为仲裁程序提供档案管理，并根据仲裁庭指令提供适当的书记处服务"。

服务内容包括：协助查找和指定专家；发布仲裁案的信息和发布新闻稿；组织在海牙和平宫进行听证等庭审；管理案件财务，包括管理案件费用保证金，例如支付仲裁员、专家、技术支持人员和庭审记录员的费用等。

由此可以看出，南海仲裁案的仲裁开支由常设仲裁法院的书记处计算后向争端当事方征收，收缴后由书记处管理和分配。

熟悉这类组织运作的专业人士告诉记者，成立仲裁庭这类临时班子无非是为了让那些"趴活儿"的法官和仲裁员们"赚点外快"，跟联合国、国际法院根本不沾边，因为国际法院等国际司法机构里的法官是

"吃饷的"。

找"吃外快"的法官，而不是"拿饷"的法官，是菲律宾律师团精心安排的路线。因为那些西方大牌律师们最清楚，"趴活儿"的法官和拿"官饷"的法官是有区别的。

花钱买的就是"身份"

常设仲裁法院算是仲裁庭聘请的"大管家"，包括财务大管家。当然，常设仲裁法院是提供这一服务的。

常设仲裁法院的收费标准一般是公开透明的，也是标明在其官方网站上的。而且，可以按照需要雇佣不同级别的服务人员。

例如，一次性缴纳注册手续费 2000 欧元，且不可退款。书记、注册相关服务的人员价目按职称排序：秘书长 250 欧元/小时，副秘书长 250 欧元/小时，司法人员 175 欧元/小时，法律助理 125 欧元/小时，文秘办事员 50 欧元/小时。

常设仲裁法院办公地点在海牙和平宫内，与联合国国际法院共用办公楼。在常设仲裁法院提供的服务项目中，还可以租借和平宫的办公室和听证室。仲裁听证室每天 1000 欧元，整套办公套件租赁费每天 1750 欧元。

由此可见，聘用常设仲裁法院当书记处价格不便宜，却可以"买"到很多唬人的身份。在海牙和平宫开听证会、用常设仲裁法院的抬头信纸出具裁决书、以常设仲裁法院的名义给当事国发邮件，是一件多么能够给自己"长脸"的事情。

为了仲裁什么都能"包办"

新华社记者 2016 年 7 月 14 日给常设仲裁法院发邮件,征询这次仲裁案的具体账目清单。截至记者发稿时,对方未予回复。

但没有不透风的墙。

知情人士披露,菲律宾单方面强行提起的南海仲裁案中,常设仲裁法院总计向争端当事方收 285 万欧元。其中一部分是法院充当书记处的费用,剩余的则要发放给 5 位仲裁员,而且后者拿的是"大头"。

2013 年 8 月,仲裁庭书记处通知当事双方缴纳第一笔仲裁开支 50 万欧元,要求中菲各付 25 万欧元。菲律宾于 9 月爽快支付了 25 万欧元,由于中国不接受、不参与仲裁,菲律宾又于 10 月"替"中方支付了 25 万欧元。

2015 年 2 月 3 日,仲裁庭书记处通知当事双方支付第二笔仲裁开支 150 万欧元,要求中菲各付 75 万欧元。当年 3 月菲律宾支付 75 万欧元,4 月又"代"中方支付 75 万欧元。

2016 年 1 月,仲裁庭书记处通知当事双方支付第三笔也是最后一笔仲裁开支 85 万欧元,要求中菲各付 42.5 万欧元。当年 3 月菲律宾支付了 42.5 万欧元,4 月又"代"中方支付了 42.5 万欧元。

一个当事方的费用可以由另一个当事方代付、垫付或者替付吗?

仲裁庭在所谓最终裁决中有这么一段解释:"常设仲裁法院可分期要求当事方预付同等金额的仲裁费。如一方未能在 45 天内支付,仲裁庭可通知双方,以便某方支付费用。本案当事方曾被三次要求付费。菲律宾按时支付了费用,中国没有。在被告知中方未能付费之后,菲律宾支付了中国的费用。"

反正只要能推进程序，钱不是事儿，合不合理也不是事儿。

见钱就开的仲裁庭

联合国国际法院法律专家毕家玮在接受新华社记者采访时说，南海仲裁案、仲裁庭，乃至常设仲裁法院与联合国没有任何关系。理论上讲，只要肯花钱，花大价钱，国家、企业或个人都可以通过这些所谓的仲裁庭打官司。

民事官司、商业纠纷，收点诉讼费、劳务费，本无可指摘。

只是，官司涉及国际争端，当事方是国家政府，如何摒除国家实力、财力等一切外界干扰因素，保持司法的中立、公正，是重要考量。

例如，归属联合国的国际法院，在审理涉及国际问题时，法官的酬金、薪水一概由联合国支付，以保证司法人员客观中立。而具体到南海仲裁案中，容许一方包办仲裁费的做法极易影响仲裁判断。

法律人士解读，在国际仲裁事务中，这种程序可能导致仲裁庭的极度偏颇。而且，在很多仲裁案中，仲裁员是可以与当事方议价的，在只有一方愿意支付的仲裁案中，很难不让人联想到仲裁员的仲裁取向是否会向出资方偏移。

像南海仲裁案这种单方提起、单方参与，最终作出荒唐无效的判决并非没有先例。

2013年，荷兰就俄罗斯扣押一艘荷兰籍破冰船一事提出仲裁申请，而俄罗斯认为仲裁庭无管辖权拒绝参加。最终荷兰为俄方垫付了15万欧元仲裁费，单方面强行推进仲裁。仲裁庭作出要求俄罗斯赔偿损失的裁决，俄罗斯没有接受仲裁结果。

常设仲裁法院中国仲裁员、中国社会科学院国际法研究所研究员刘楠来认为,这类仲裁属滥用国际法,给国际法治留下反面判例。如果在无法取得一方认可的情况下,所有的国际争端都走向单方面仲裁,那么,国际法的权威就会受到毁灭性冲击,有悖"定分止争"的国际法精神。

重金砸出的荒唐

菲律宾花费了总计 3000 万美元用于南海仲裁案,刨去向常设仲裁法院支付的 285 万欧元,剩余部分可能都用在了律师团和证人身上。

南海仲裁案的菲方律师团队共 8 人,包括美国国际法知名律师保罗·雷切尔。他曾代理尼加拉瓜诉美国支持反政府武装一案,以及多起涉及国际争端的案件,手法老到。

在南海仲裁案中,涉及仲裁庭管辖权和可受理性的问题上,雷切尔可能发挥了重要作用。本是南海岛礁的"领土主权问题",经过律师团队的包装,再与仲裁庭"妥善接洽",一场披着法律外衣的政治闹剧由此出炉。

刘楠来指出,从所谓最终裁决中透露出的几个细节都值得推敲。其中,仲裁庭只指派了 1 名地理、水文专家考察,那么这一专家提供的材料是否全面、是否真实中立是个疑问。"至少可以说,仲裁庭是单方面取信,听了一面之词,证据链不完整。"

耄耋之年的刘楠来坦言,在他经历的众多案件之中,南海仲裁案算是最荒唐的一例了。

（据新华社北京 2016 年 7 月 18 日电

新华社记者　张远）

法痞的嘴脸

形同废纸的南海仲裁案所谓裁决折射出一种"法痞"现象:他们精通法律的条文,却知法"贩"法;他们明晰条文的软肋,便夹带"私货"。

过去 3 年,为了肆意扩权,仲裁庭强词夺理、偷换概念、强行管辖;为了强制裁决,仲裁庭罔顾史实、指鹿为马、公然挑衅。加上向来喜欢在国际场合鼓吹所谓规则与法治的美国在一旁摇摇小旗、喊喊口号,这场闹剧丑剧,活脱脱成了法痞各种嘴脸的表演场。

越俎代庖　枉法营私

仲裁庭 2013 年由时任国际海洋法法庭庭长柳井俊二一手搭建。柳井长期担任日本外交官,属"右翼鹰派",主张"亲美遏华",堪称日本首相安倍晋三的"马前卒"。

作为一名法官,如此职业背景和政治取向,且与仲裁案中的当事方存在明显利益关联,柳井本该避而远之以守司法独立性原则。但他不仅没有回避,反而主动包揽仲裁庭的搭建,指派了 5 名仲裁员中的 4 人。

按《联合国海洋法公约》(以下简称《公约》)相关规定,在仲裁当事方无法就指派仲裁员一事进行协商的情况下,可以由国际海洋法法庭庭长"代劳"。法律明文是"可以",而不是"必须"。柳井便迫不及待地跳出来自己指派仲裁员,其目的很明显:抓住"机遇"夹带"私货"。

仲裁庭的5名仲裁员分别是——加纳籍首席仲裁员托马斯·门萨、法国籍仲裁员让-皮埃尔·科特、波兰籍仲裁员斯坦尼斯拉夫·帕夫拉克、荷兰籍仲裁员阿尔弗雷德·松斯和德国籍仲裁员鲁迪格·沃尔夫鲁姆。其中,4人是国际海洋法法庭的法官,当时是柳井的"手下"。

为了"符合程序",柳井还为不接受、不参与仲裁案的中国指派了1名仲裁员,即波兰籍的帕夫拉克。但熟悉国际法律界的专家一眼就看出,相比其他4人的"经验老到",帕夫拉克资历最浅。

由此,柳井藏身幕后把自己违背国际法司法独立性原则的事实掩盖起来,把5名对亚洲缺乏了解、从未涉足南海事务的仲裁员推到台前,开始用法律语言炮制这出政治闹剧的台词。

学术堕落　食言而肥

据熟悉国际司法体系的人士介绍,在国际司法机构中,对仲裁员的专业要求原本就比国际法官要低,例如常设仲裁法院的仲裁员入职门槛低于国际法院法官。至于仲裁庭的门槛,更不可与国际司法机构相提并论。

至少3个现象足以让人对仲裁庭的权威性打上一个大大的问号。

其一,仲裁庭2016年7月12日宣布所谓裁决结果后,国际法院、常设仲裁法院以及国际海洋法法庭纷纷出面与仲裁庭撇清干系,恐是不愿让仲裁庭仲裁员的专业水准拖累自己的名声。

其二，历史上，根据《公约》第 287 条设立仲裁庭方式推进的全部 10 多桩仲裁案，无一得以执行。其认同力可想而知。

其三，仲裁员和关键证人的出尔反尔，进一步说明了这些人的个人专业修养很成问题。

荷兰籍仲裁员阿尔弗雷德·松斯曾长期主张，确定岛礁的法律地位是海洋划界密不可分的组成部分。但成为南海仲裁案仲裁员后，这位教授一改过去的立场，反而认为岛礁法律地位的判定可以与海洋划界问题脱钩，以此作为无视中方排除性声明的理由。

另外，在 2015 年 11 月关于实体问题的庭审中，菲律宾所请专家证人斯科菲尔德教授，一改以往其学术文章中称太平岛为"岛"的说法，在本案中将其定性为"礁"。此人过去曾在论文中言之凿凿地论证个人观点，即"南沙群岛至少存在 12 个地物符合岛屿定义并可以主张专属经济区和大陆架"，然而在仲裁庭听证时，他却又改口称南沙群岛没有一个岛礁可主张专属经济区和大陆架。

对于从事严肃学科的专家而言，谨言慎行是最起码的原则，180 度的学术观点逆转，不是水平问题，而是政治和道德问题。

名为法治　实为人治

柳井搭建的仲裁庭，未经任何审查，是典型的"人治"班子。

只要翻翻几名仲裁员的底细，就可以梳理出柳井是怎样用"人治"替代"法治"的。

5 名仲裁员中，除柳井指派代表中方的帕夫拉克外，其余 4 人均有仲裁经验。其中门萨曾参与审理过 5 桩涉及海洋相关争议的仲裁案，沃尔夫鲁姆参与审理过 3 桩。

翻看在过往仲裁案中的立场就会发现,他们都曾罔顾案件中隐藏的主权问题,都曾有随意扩大仲裁庭管辖权的先例。

菲律宾指定的仲裁员沃尔夫鲁姆曾在 2010 年 12 月至 2015 年 3 月参与仲裁查戈斯群岛案(毛里求斯诉英国)。当时,英国提出案件涉及主权问题,不在仲裁庭管辖范围内,但沃尔夫鲁姆联合其他仲裁员签署联名反对意见,一口咬定仲裁庭具有管辖权。

在荷兰诉俄罗斯扣押"北极日出"号破冰船仲裁案中,沃尔夫鲁姆虽不是仲裁员,但却与另一法官联名发布单独意见,指责俄罗斯"不应诉"的立场。

国际法专家指出,仲裁员过往经验中表现出对某一种有争议做法的固有意见可能会对其他案件的判断产生严重影响,导致在其他案件中出现预设立场或预判结果的可能,有损仲裁的公正性。

对此,柳井不会不知道。

也许,他比谁都清楚这一点。他只需在指派仲裁员前对候选仲裁员的过往倾向和观点进行大致判断,就可以拼凑一个完全倒向菲律宾的仲裁庭。

秘密网络　利益链条

对于法痞来说,钻法律的空子是看家本领。他们出于政治或经济目的,利用自己的法律专业知识,无视法律尊严,打着"程序正义"的旗号,在法律适用性等方面强词夺理,硬行解释,强行推进自己的意愿和结论。

现有证据已经表明,自 2012 年 4 月黄岩岛事件前,就已经有美国人在捣鼓用"国际司法"手段炒热南海问题的阴谋。也有证据表明，正是美国背后作祟，才促使菲律宾在黄岩岛事件末期作出放弃对话的决定，使中菲关系陷入僵局。还有证据表明，正是在黄岩岛事件后，美国通过当时的菲律宾阁僚献计，把阿基诺三世推上了仲裁的不归路。菲律宾有学者下结论：正是美国的阴招让阿基诺三世出了昏招。

把菲律宾推入仲裁案的死胡同后，美国大打所谓"法治牌"。2014年，美国和菲律宾发表支持仲裁案的联合声明。同年，美国总统奥巴马在访菲期间公然表示支持仲裁案。

另外，没有美国法律团队的手把手策划，菲律宾根本无力提起仲裁。美国律师的贡献不仅仅限于帮助菲律宾起草了数千页的法律文书、代表菲方参与仲裁庭辩论，而且这个豪华律师团还与仲裁庭存在千丝万缕的联系。

代表菲方的美国律师奥克斯曼与仲裁庭的多数仲裁员以及柳井曾多次共事。虽有此经历，他仍然作为争端一方当事国的代理律师出庭，无视国际司法界的监督评价，公然挑战国际司法公正。

不仅如此，奥克斯曼与美国政府也渊源颇深。他曾作为助理法律顾问在美国国家海洋、国际环境和科学事务局工作 10 余年。另外，奥克斯曼还作为美国政府代表出席第三次联合国海洋法会议，并主持会议起草委员会英语语言组的工作。虽然，美国至今未签署《公约》。

有美国媒体透露，与美国利益关系极其密切的时任菲律宾外长德尔罗萨里奥向阿基诺三世推荐了奥克斯曼。

毋庸置疑，奥克斯曼与美国政府的关系、奥克斯曼与菲律宾的关系、奥克斯曼与仲裁员的关系、仲裁员与柳井之间的关系、柳井与安倍的关系、安倍与美国的关系，以及一些还不为人知的关系与利益链，已经编织起一张巨大的政治利益网络。

假借法律的名义，法痞们在这张关系网上忘情表演 3 年之后，把预

设好的裁决结果公布于众,匆匆拉上这出闹剧的幕布,而国际司法则成
了这些法痞践踏公平正义的幌子。

（据新华社北京 2016 年 7 月 19 日电

新华社记者 杨定都）

国际法治的"癌细胞"

南海仲裁案的肇始、演进、终了和贻害,堪比癌细胞入侵健康机体的过程。《联合国海洋法公约》(以下简称《公约》)好比健康机体,其薄弱处成为"致癌病原体"侵入的突破口,内外诱因促发病变扩散,最终遗毒《公约》乃至国际法治。

认清病因,寻找病灶,切除毒瘤,增强免疫,当为守护健康国际法治的全球责任。

"致癌病原体":干涉与霸权

南海仲裁案,从表面看,菲律宾前总统阿基诺三世是操刀手,但幕后推手实为西方干涉主义和霸权野心。正是这两种"致癌因子"演变为"病原体"附身菲律宾某些激进的亲美派,进而转化为"仲裁案"这一"毒瘤"。

炮制南海仲裁案已证明不是菲律宾一国所为。打着"亚太再平衡"幌子的美国,与在菲律宾政坛植入的一些根系人物合谋,使阿基诺三世成为这一丑剧的前台人物。自 2013 年 1 月菲律宾提起南海仲裁案,阿基诺三世就走进了一条死胡同。

当然,美国自己是不用露面的。在南海问题上,在美国的鞍前马后,自有日本人在"打下手"。显而易见的证明有二:一是,仲裁庭宣布结果前,日本各路人马利用各种场合寻求对仲裁结果的支持,可惜被敢于直言的柬埔寨首相洪森抓个正着并大告天下;二是,一手组建南海仲裁庭的国际海洋法法庭前庭长柳井俊二恰恰是日本首相安倍晋三的重要智囊。曾与柳井一起共事的日本外务省中国课前课长浅井基文在接受新华社记者采访时直言不讳:南海仲裁庭正是柳井在考量安倍政权意向的基础上搭建的。

南海仲裁案成型阶段的政治脉络很清晰:美国暗中鼓动菲律宾提起仲裁案,美国暗中给菲律宾提供了必要的支持,美国的日本"跟班"在搭建仲裁庭事宜上暗中打点好一切。就这样,"病原体"成型了。

用埃及金字塔政治战略研究中心政治研究员赛义德的一句话评价:南海地区内部事务正在遭受域外西方国家干涉。

干涉的直接目的是介入,介入后才能在南海地区拉帮派、造分裂、搞对立,最终目的是搞乱南海,从中渔利。

"癌细胞"入侵:处处有伪装

在正常机体中,癌细胞之所以难以被免疫系统识别,是因为癌细胞擅长伪装自己,扮成健康细胞的模样。在南海仲裁案中,仲裁庭正是利用自己深谙《公约》等法律条文的"优势",寻找《公约》弱处下手,狡猾地在管辖权等问题上大做文章,并以常设仲裁法院的名义伪装自己,试图避开国际司法监督的"识别"。

而且,在这一过程中,被伪装和粉饰的环节不止一个。

首先,柳井俊二用国际海洋法法庭庭长的身份掩饰自己与安倍的政治勾连。

其次，柳井俊二精心挑选了一群对亚洲文化不甚了解的、在过往判案中有明显扩权倾向的、主观对岛礁主权不甚重视的法官，把他们推到台前，搭建起仲裁庭，自己却退身幕后，自我伪装。

最后，仲裁庭通过巧舌如簧地解释法律适用，强行绕开仲裁案涉及的主权问题和海域划界问题，把仲裁本质伪装成一个专业性的"海洋地物属性问题"。但这般"伪装"并不能逃过专业人士的慧眼。俄罗斯著名法学教授亚历山大·梅泽亚耶夫指出，《公约》的适用性和仲裁庭的管辖权必须尊重当事国对《公约》提出的排除性声明内容。

中国国际法学会会长李适时指出，仲裁庭在程序和实体两方面都存在严重问题：在程序上是越权，超越了《公约》的管辖权限，侵犯了缔约国自主选择争端解决方式的权利；在实体上是滥权，荒谬否定中国在南海的历史性权利。

清华大学教授卡蒂在香港举行的海洋争端解决国际法研讨会上发言也指出，仲裁庭所谓最终裁决对《公约》的引用和解释都充满主观恶意，利用了《公约》中一些对菲律宾有利的条款，故意忽视了一些不利条款，避开一些对菲方诉求有障碍的条款，对《公约》的引用"很不严肃"。

"癌细胞"扩散：内外两重因

仲裁庭的搭建以及仲裁庭宣布具有管辖权，标志着"癌细胞"对机体的正式侵入。此后，内外因素共同助长"癌细胞"的扩散势头，肆意侵蚀国际法治的公平正义等原则。

在仲裁进程中，仲裁员的偏见、证人证词的反复、有瑕疵的听证程序等,无疑是这桩仲裁案处处非法的表现。

同时,外部势力的不断煽风点火,也为毒瘤的成型提供了源源不断的养分。过去3年,包括美国总统奥巴马在内的美国各级军政官员在不同场合用发言、声明等形式表达对仲裁案的支持,日本则卖力地游走于东南亚各国之间制造杂音,并借七国集团峰会等国际场合炒作南海问题、渲染紧张局势。

所谓的裁决出台后,美国继续不遗余力地制造分歧与对立,呼吁一些国家施压中国遵守裁决。与此同时,日本官房长官菅义伟也在一旁帮腔,试图进一步向国际社会扩散"癌细胞"。

面对病毒入侵国际法治体系并造成持续负面影响,很多有识之士提出"免疫"。欧洲议会发展委员会副主席、欧洲议会欧中友好小组主席德瓦指出,仲裁对南海问题的解决毫无帮助,中菲双方只有通过双边对话和协商才能找到解决之路。

"抗癌"与"免疫":国际有正音

提升自身免疫能力是抵制病毒侵蚀、保持机体健康的根本。

南海仲裁案后,国际社会很多国家政府和法律界人士纷纷表达对裁决结果的质疑、不满甚至愤怒。这就是对国际法治公平正义本性的最坚强维护。

德国波恩大学国际法学教授斯特凡·塔尔蒙指出,裁决的偏颇出乎他的意料,如果裁决中"岛屿"定义等一些观点得到伸张,美国、日本、加拿大、法国、英国等因岛屿而获得海洋区域主权的国家,都将受到影响。

常设仲裁法院中国籍仲裁员刘楠来说,国际法治要公正、合法,而仲裁庭滥权、扩权是对国际法治的严重破坏。中国主张谈判解决南海争端，符合国际法依据，希望菲律宾回到谈判的轨道上来。

巴基斯坦政府表示支持中国在南海问题上的严正立场，并发表声明说南海争议应由直接有关当事国根据双边协议和《南海各方行为宣言》通过磋商和谈判和平解决。

据不完全统计，目前已有70多个国家公开表示理解和支持中方的立场和主张，还有来自90多个国家的230多个政党或政治组织公开表示支持中国在南海问题上的立场。

国际社会的"抗癌"行动，已经开始。

（据新华社北京2016年7月20日电

新华社记者 刘莉莉）

第八部分　国际观察文章

借国际专家之口说话，反映国际社会对中国立场的支持，回击和驳斥美国、日本和菲律宾等国抛出的谬论，同时回顾历史，揭露美国屡屡插手拉美领土争端背后的霸权面目以及美国对待国际法的"双重标准"。

南海仲裁案：海外专家支持中国立场

中国外交部 2016 年 6 月 8 日发表关于坚持通过双边谈判解决中国和菲律宾在南海有关争议的声明，阐释中国政府在南海仲裁案上的立场。声明指出，菲律宾单方面提起仲裁既不符合《联合国海洋法公约》（以下简称《公约》）的规定，也不符合中菲两国过去达成的共识，中国将继续坚持通过谈判解决与菲律宾在南海的有关争议。

多个国家的专家学者近日在接受新华社记者采访时对中国在南海仲裁案上的立场表示支持，认为菲律宾单方面提起国际仲裁无助于解决争端，谈判协商才是正确的方向。

单方面提起仲裁违反公约

专家指出，《公约》规定，国际仲裁庭无权就领土主权问题作出裁决，中国也已根据《公约》作出排除性声明，将涉及海洋划界等方面的争议排除在《公约》规定的第三方争端解决程序之外。菲方在这种情况下提起的仲裁不符合《公约》规定，国际仲裁庭也没有管辖权。

巴基斯坦伊斯兰堡国际问题研究委员会主任赛义德·乔杜里指出，在《公约》等现有国际法框架下，国际仲裁庭无权审理或裁决南海争端。由于菲律宾自身已经非法侵占了部分南沙岛礁，国际仲裁庭应该拒绝它的仲裁请求。因此，中国完全有权利和理由反对任何仲裁并拒绝接受所谓仲裁结果。

柬埔寨东盟教育中心主任约瑟夫·马修斯认为，菲律宾单方面提起仲裁的行为从根本上就是有问题的，因为仲裁庭对此案没有管辖权。按照仲裁程序，争议双方应当同意并接受仲裁规则。

德国波恩大学国际法专家斯特凡·塔尔蒙说，菲律宾方面称中国已在《公约》中允诺就海洋争端接受仲裁，但因为南海问题涉及领土争端，菲方这一观点是错误的。仲裁庭对领土争端没有管辖权，因此也无助于南海领土争端的解决。

单方面提起仲裁违背承诺

专家注意到，中菲已在多个双边政治文件中共同承诺通过谈判协商解决南海有关争议，2002 年中国同东盟 10 国共同签署的《南海各方行为宣言》（以下简称《宣言》）也规定了通过友好磋商和谈判解决南海争议的原则。菲律宾单方面提起仲裁显然违背了其承诺。

马修斯指出，菲律宾签署了 2002 年的《宣言》。菲律宾单方面提起仲裁的行为违反了《宣言》第四条。该条规定，所有争议应当通过友好磋商和谈判来解决。

乔杜里认为，菲律宾无视外交途径以及中方长期以来的双边谈判意愿，置中菲两国间通过谈判和磋商解决分歧的联合声明和联合公报等于不顾，充分说明菲律宾及其背后的势力企图破坏这一地区的和平与稳定。

谈判协商才是解决之道

专家普遍认为,在南海问题上,菲律宾单方面提起仲裁无助于争端的化解,反而只会激化矛盾,使问题更加难以解决。与之相比,中方所主张的通过协商谈判和平解决南海争端才是正道。

塔尔蒙指出,仲裁庭的决定并不会使南海争端的解决变得更加容易。"我认为裁决甚至会对问题的解决产生不利影响。"

在巴基斯坦政治与战略分析家苏丹·马哈茂德·阿里看来,中国的政策非常明确,不但不谋求霸权,不试图将自己的主权和权利凌驾于其他国家之上,相反中国相信通过双边谈判能够解决存在的问题,并且过去在这方面做得非常成功。

"中国与 14 个陆地邻国中的 12 个成功解决了陆上领土争端,划定和勘定了 90% 以上的陆上边界线。中国坚持与包括菲律宾在内的所有周边国家发展睦邻友好合作关系。如果菲律宾与中国进行直接对话,结果可能会更好",阿里说。

马修斯指出,领土争议不能通过对抗或制造新的争端来解决,制定一个为各方所接受的解决方案,需要政治意愿和耐心。"我认为,中方提出的共同开发争议地区的建议,是最为合理可行的争议解决方案。因此,有关各方应当认真考虑这个建议,以争取本国最大利益,而不是为局外人争取利益。"

(据新华社北京 2016 年 6 月 9 日电

新华社记者　刘赞　季伟　薛磊　何梦舒)

俄罗斯专家眼中的南海问题解决之道

中国外交部日前发表关于坚持通过双边谈判解决中国和菲律宾在南海有关争议的声明,阐释中国政府在南海仲裁问题上的立场。

中国坚决反对菲律宾的单方面行动,坚持不接受、不参与仲裁的严正立场,将坚持通过双边谈判解决中菲在南海的有关争议。

俄罗斯多名专家近日接受新华社记者采访时表示,他们支持中国政府的相关立场,并认为域内国家举行双边谈判才是解决南海问题的正确途径。

国际仲裁不适合南海问题

长期以来,中国政府一贯强调,应通过谈判解决与菲律宾在南海的有关争议。中国在南海仲裁问题上的立场得到不少国家认同。俄罗斯外交部发言人扎哈罗娃 2016 年 6 月 10 日表示,南海问题有关各方应严格遵守不使用武力原则,继续寻找政治外交途径,并基于《联合国海洋法公约》《南海各方行为宣言》(以下简称《宣言》)以及《落实〈宣言〉指导方针》等解决问题。俄方认为,南海问题有关各方应举行直接对话和磋商。

俄高等经济学院欧洲和国际综合研究中心主任博尔达切夫指出，南海问题是南海域内相关国家的问题，不适合用国际仲裁来解决。中国有权利要求通过外交途径解决这一问题。

俄科学院远东研究所代所长卢贾宁认为，对于中国领导人努力与领土争端相关国家，如菲律宾、越南等，开展双边对话的立场，应表示欢迎。仲裁庭试图把自己在南海问题上的观点强加于中国的行动，与美国意欲单方面建立非正式反华联盟或集团有关。而且，国际法实践表明，这样的争端一般只能通过双边途径加以解决。第三方可以参与调解，但这远不是常见的实践。

俄高等经济学院欧洲和国际综合研究中心高级研究员卡申认为，在南海问题上，中国政府所持立场有自己的依据，例如在 2002 年中国与东盟 10 国共同签署《宣言》，双方达成共识：应由直接有关的主权国家通过友好磋商和谈判，以和平方式解决它们的领土和管辖权争议，而不诉诸武力或以武力相威胁。

美国对华政策充满挑衅

近来，南海问题之所以升温，与一些域外国家搅局有关。

莫斯科国际关系学院东亚和上海合作组织研究中心主任卢金说，美国试图利用中国与邻国的领土争议来构建某种形式上的集团或反华协会，其中包括菲律宾、越南等国。

博尔达切夫表示，域外国家，尤其是美国在炒作南海问题上发挥了很大作用，是南海紧张局势升级的重要原因之一，美国对华政策具有相当的挑衅性和侵略性。

卡申认为，南海是太平洋重要战略区域之一，地区力量格局演变取决于对这一区域的控制,而这正是矛盾产生的根本原因。围绕南海的博弈是一场军事和政治竞争,影响重大,而这一竞争或将长期持续。

域内国家谈判才是正道

对于应通过什么途径解决南海问题,俄罗斯专家纷纷指出,域内国家谈判才是解决这一问题的正确方法。

卢金表示,南海问题应通过和平途径加以解决,因为任何武装冲突都将破坏地区稳定和经贸联系。俄罗斯既与中国有经济联系,与那些和中国存在争端的国家也有合作关系。

博尔达切夫也强调,解决南海问题的正确途径是中国、菲律宾、越南等南海争端相关国家之间进行谈判。

卡申认为,从维护地区稳定角度考虑,南海争端应通过中国和南海域内国家达成双边协议加以解决,并且这一协议应从维护本地区战略重要性出发。

(据新华社莫斯科 2016 年 6 月 12 日电

新华社记者　魏良磊)

揭开美国插手拉美领土争端的真面目

尼加拉瓜资深外交官卡洛斯·加西亚日前在接受新华社记者专访时指出,在南海问题上,美国横加干预,企图搅乱南海地区局势,从中渔利。这种做法与美国不断插手拉美地区事务的先例如出一辙,东南亚各国对此要有清醒认识。

回顾历史,美国政府以所谓"美洲是美洲人的美洲"的门罗主义为借口,屡屡插手包括领土争端在内的拉美事务,甚至撕下面纱强占拉美国家领土,其霸权主义面目显露无遗。

插手地区领土争端

美国曾多次插手拉美地区领土争端,其目的是挑起地区国家冲突,使美国从中谋利,其中的典型事例就是插手圣安德列斯岛的主权。

圣安德列斯岛位于加勒比海西部,距离哥伦比亚本土约 750 公里,战略位置重要。西班牙殖民时期,圣安德列斯岛是新格拉纳达总督辖区的一部分。1821 年,大哥伦比亚共和国正式独立,管辖范围包括现今的哥伦比亚、厄瓜多尔、委内瑞拉、巴拿马,以及尼加拉瓜、哥斯达黎加、洪都拉斯等国部分地区。圣安德列斯岛选择加入大哥伦比亚共和国。

1903 年,美军在巴拿马登陆,策动巴拿马脱离哥伦比亚独立,美国随后取得对巴拿马运河区的控制权。在登陆巴拿马前,美国政府派使者前往圣安德列斯岛,试图让该岛成为巴拿马辖区,以便在巴拿马独立后,美国借机控制圣安德列斯岛。但岛上居民认为,对他们来说,美国的要求就是"叛国行为",因而予以拒绝。然而美国并未罢休,它在巴拿马独立后派遣军舰向该岛施压,但岛民顶住了压力,再次拒绝加入巴拿马。

与此同时,另一个从西班牙殖民统治中独立出来的国家——中美洲联邦共和国并不承认大哥伦比亚共和国对圣安德列斯岛及其周边岛屿的管辖权。中美洲联邦共和国解体后,尼加拉瓜与哥伦比亚继续就圣安德列斯岛的归属权展开争夺。

1928 年,处于美军占领下的尼加拉瓜和哥伦比亚签订条约,承认哥伦比亚对包括圣安德列斯在内的 3 个群岛的主权。但尼加拉瓜在 2001 年向联合国海牙国际法院提出申诉时表示,尼签署条约时处于美国的实际操控下,尼政府迫于美国的压力才签署了这一条约,因此不能被视为是一个国家主权行为。哥尼两国为了圣安德列斯岛的归属又打了多年的官司。

从这段历史中不难看出,由于美国多次染指,导致几个拉美国家围绕圣安德列斯岛的主权长期争执不休,影响了这些国家之间的关系。

加西亚指出,很多中美洲国家至今仍未摆脱贫困和落后,这与美国多年来对中美洲地区各国事务的粗暴干预有很大关系。

协助盟友打击阿根廷

1982 年,在阿根廷和英国围绕马尔维纳斯群岛(英国称福克兰群岛)发生的战争中,美国放弃了原本承诺的中立立场,帮助传统盟友英国赢得了战争。

阿根廷的加尔铁里军政府当初敢在马岛向英国开战,其中一个重要原因是阿根廷政府和美国政府关系"密切",加尔铁里相信美国在战争中至少会持中立态度,在美洲大陆孤立无援的英国难以取得战争胜利。

战争爆发后,阿根廷政府甚至曾幻想美国会为了美洲国家的利益而替自己出面,同英国斡旋谈判。但是在权衡利弊后,美国放弃了起初的中立立场,转而在外交和军事上支持英国。

美国一方面向阿根廷施加外交压力,从联合国安理会层面要求阿根廷停火并撤军,另一方面利用美国的卫星为英军提供情报,包括阿根廷海军和空军的最新动向和部署,驻守马岛的阿根廷军队的防线调整等,这些重要情报帮助英军取得了战场上的主动。

阿根廷历史学家里卡多·福恩特斯指出,正是美国在战争的关键阶段从军事、外交两方面支持英国,才导致阿根廷战败。福恩特斯说,历史屡次证明,美国只考虑如何为自己攫取最大利益,根本不顾及自己的国际形象及其他国家的利益。

强占他国领土

在拉美地区,美国还采取过更霸道的做法:直接强占其他国家的领土。

关塔那摩监狱因为虐囚丑闻令美国臭名昭著,但很多人并不了解,这座监狱位于古巴。关塔那摩是古巴的一个省,位于该国东南部,战略位置重要。19世纪末美国和西班牙战争结束前,美国取代西班牙管辖古巴,并在关塔那摩修建了美国海军基地。此后,美国强迫古巴签署协议,获得了使用关塔那摩湾部分土地的永久性租契。

古巴革命胜利后,古巴一直要求美国归还关塔那摩,并获得国际社会普遍支持,但美国却置若罔闻。美国现总统奥巴马虽然推动了古美关系的正常化,但是在归还关塔那摩问题上却拒绝采取任何行动。

美国南部大片土地多用西班牙语命名,距今400多年前这些地区是墨西哥领土,此后美国通过战争占为己有。美墨战争中,美国从墨西哥手中夺取了近230万平方公里的土地,成为地跨大西洋和太平洋的大国。美国人自己都承认,美墨战争是一场最不正义的战争。墨西哥历史学家何塞菲娜·索莱达认为,美国通过这场战争才成为美洲大陆上的霸主,而墨西哥却失掉了半数土地,从此一蹶不振。

在拉美地区,美国的干预主义和霸权主义引发拉美国家集体抵制,美国逐渐失去对拉美的控制。美国不得不放低姿态,公开承认"门罗主义"已终结,转而采用更加隐蔽的手段干预拉美事务。

如今,饱尝美国粗暴干预之苦的拉美国家更加团结、务实和进取。他们在对外关系上注重更加平衡和多元化,积极发展和其他发展中国家的关系,共同维护世界和平和发展中国家利益。

（据新华社北京2016年7月4日电

新华社记者　陈寅　许雷）

所谓南海仲裁裁决纯属废纸

南海仲裁案仲裁庭 2016 年 7 月 12 日作出非法无效的所谓最终裁决。这一裁决颠倒黑白,混淆是非,注定无效,无法对中国在南海的主权主张和海洋权益构成任何影响。

专家认为,有关各方回归对话协商,才是解决南海问题的正道。

仲裁非法　裁决无效

南海仲裁庭从一开始就缺乏成立的依据,更无权作出裁决。

关于南海问题,中国已于 2006 年根据《联合国海洋法公约》(以下简称《公约》)规定作出声明,将涉及海域划界等事项的争端排除适用包括仲裁在内的强制争端解决程序。

阿基诺三世治下的菲律宾就中国已明确排除的事项提起仲裁,已构成对《公约》的滥用,损害了《公约》的完整性和权威性,不仅违反国际法,也违背了中国与东盟各国签署的《南海各方行为宣言》。

对于建立在菲律宾非法诉求基础上的南海仲裁案,仲裁庭根本就不具有管辖权,强推仲裁是扩权、越权之举。

中国国际问题研究院常务副院长阮宗泽在接受新华社记者采访时

说,仲裁庭没有资格对任何主权主张说三道四。南海问题远远超出了其管辖范围,而仲裁庭也不可能获得任何机构授权。

"上述裁决无法改变、也不会影响中国对南海诸岛的主权和权益。中国对南海诸岛的主权不会因一纸裁决就被否定。"阮宗泽说。

中国南海研究院院长吴士存也认为,仲裁庭对于南海仲裁案没有管辖权,其发布的任何对中国的要求、裁决、命令都没有法律效力,中国对裁决结果不存在执行问题。

吴士存指出,菲律宾强推南海仲裁既是为了否定中国在南海的主权主张和海洋权利,也是企图通过"法律"使自身非法主张合法化,这是一起"精心策划的、披着法律外衣的政治阴谋"。

此外,专家认为,南海仲裁案有许多猫儿腻,人为操纵痕迹明显。

阮宗泽指出,首先,围绕南海仲裁问题,美国一直在背后支持菲律宾,推波助澜。其次,南海仲裁庭公正性不断遭到质疑。时任国际海洋法法庭庭长、日本前外交官柳井俊二任命仲裁员一事就是仲裁庭的污点。

日本与中国存在领土争端,柳井俊二本来应该回避。但是,在南海仲裁庭5名仲裁员中,除1人由当事方菲律宾指派外,其余4人均由柳井俊二任命。

专家认为,南海仲裁庭成立并作出裁决是对《公约》信誉的很大伤害,对现行国际秩序也构成了重大威胁,应当引起国际社会足够警惕。

回归对话　协商解决

专家认为,在南海问题上,重回对话和协商的轨道才是正确的选择。

长期以来,中方始终倡导"双轨思路",着眼于以和平方式、协商解决南海问题。"双轨思路",即有关争议由直接当事国通过协商谈判妥善解决,南海地区和平稳定由中国和东盟国家携手共同维护。

中国社会科学院海疆问题专家王晓鹏认为,不能把上述裁决的出台看作是解决南海问题的一个实践,仲裁不会从根本上影响南海局势,不会影响中国与周边国家解决南海问题的进程。

在王晓鹏看来,海洋实力不断增强的中国有能力在坚决维护海洋权益的同时,有效维护南海和平与稳定。中国与东盟相关国家深入落实"双轨思路",通过搭建平台、促进合作,通过积累共识、管控分歧,可以逐步排除域外国家介入争端的影响。

不管国际风云如何变幻,中国维护国家主权、领土完整和海洋权益的决心和意志坚定不移。同时,中方有信心,也完全有能力,同东盟国家一道维护好南海地区的和平与稳定。

（据新华社北京 2016 年 7 月 12 日电

新华社记者　闫亮　陈静）

30年前旧案，折射美国对待
国际法双重标准的嘴脸

曾经担任联合国大会主席的尼加拉瓜前外长米格尔·德斯科托·布罗克曼近日抨击美国至今仍然奉行傲慢的"帝国思维"，对30年前侵犯尼加拉瓜国家领土和主权、拒绝按国际法进行赔偿的行为没有丝毫悔改。

尼加拉瓜政界人士指出，当年的诉讼案让国际社会认清了美国对国际法采取双重标准的真实面目。美国对中美洲地区的干预使得尼加拉瓜多年发展缓慢，至今仍然贫困。有鉴于此，中菲两国应在双边协商的基础上解决问题，不能让南海问题成为美国的政治筹码，菲律宾人民不能成为美国战略企图的牺牲品。

旧案折射美国真实面目

尼加拉瓜位于中美洲北部，发展历程命途多舛。1912年美国在尼加拉瓜建立军事基地后，尼政府一度成为美国的傀儡政权。

1979年，桑地诺民族解放阵线（桑解阵）领导的武装力量推翻了亲美的索摩查家族独裁统治，成立了新的民族复兴政府。这一变化招致美国的强烈反应，美国中情局对尼内政进行粗暴干涉，公然扶持反政府武装,意在推翻桑解阵政权。

美国对尼加拉瓜的干涉在 1984 年持续升温。从年初开始,美国在尼加拉瓜的多个港口布下水雷。短短 3 个多月时间内,数艘来自荷兰、苏联、日本等国的商船被美国布下的水雷炸毁,尼加拉瓜的进出口贸易全面停滞。

当年 4 月,针对美国粗暴干涉尼加拉瓜内政的非法行径,尼政府向位于荷兰海牙的国际法院提起诉讼。当年担任尼加拉瓜执政党议员的何塞·菲格罗亚日前接受新华社记者采访时回忆说:"美国的入侵给我们国家造成了巨大的伤害,欠下我们的债一直没有还。"

1986 年 6 月 27 日,国际法院作出裁决,认定美国在尼加拉瓜的布雷行为违反了联合国公约,美国必须立即停止这一非法行径,并向尼加拉瓜支付赔偿。然而,对于这一裁决,美国拒绝执行。30 年过去了,美国从未对当初在尼加拉瓜犯下的罪行表示过忏悔,更没有依照判决进行过任何赔偿。

忆起此事,尼加拉瓜资深外交官卡洛斯·加西亚对美国在国际法面前奉行的双重标准提出严正批评。

他说,美国对待国际法有着鲜明的双重标准:对符合自身及其盟友利益的情况,便怂恿盟友不顾和平大局将双边矛盾闹上国际法庭;对不符合美国及其盟友利益的情况,就马上换一副嘴脸,并对国际法庭的审判结果熟视无睹。

美国眼中的国际法

30 年前的这起案例体现了美国一贯奉行实用主义的国际法观念。美国出于维护本国国家利益,曾多次挑战联合国权威,违反国际法,在国际事务中使用双重标准。

《联合国宪章》(以下简称《宪章》)规定,各会员国在其国际关系上不得使用威胁或武力,或以与联合国宗旨不符之任何其他方法,侵害任何会员国或国家之领土完整或政治独立。然而,无论是1989年美国因巴拿马运河管辖等问题武装干涉巴拿马,还是绕开联合国安理会授权,轰炸南联盟、发动伊拉克战争,都反映出美国对国际规则的践踏和藐视。

对于一些由美国主导或参与制定的国际法,美国同样采取实用主义,一旦与本国利益冲突,旋即予以推翻或拒绝承认。

1997年12月通过的《京都议定书》(以下简称《议定书》)旨在防止全球气候变暖。美国曾于1998年签署了《议定书》,但在2001年3月,美国政府以"减少温室气体排放将会影响美国经济发展"为借口,单方面宣布拒绝批准《议定书》。

除《议定书》外,美国还拒绝签署有关和平利用海洋的《联合国海洋公约》,拒绝批准《全面禁止核试验条约》,以及单方面退出《反弹道导弹条约》。

东北师范大学政法学院教授高英彤指出,美国实用主义的国际法观念将代表国际道义的国际法"功利化",当现有国际法与本国意愿或眼前利益相背离的时候,美国会毫不保留地予以拒绝或另寻他"法"。

"细数起来,很难找到一项由美国创设,但能够被美国始终贯彻的国际法规。因为美国已经习惯从权力的视角来俯视国际法,将国际法视为寻求权力的工具。"他说。

国际法也要"与时俱进"

国际法是国际关系发展的产物。1648年威斯特伐利亚和约不仅标志着主权国家的确立,同时也标志着近代国际法的诞生。然而,近代国际法的"二元化",即在实际操作中分为平时国际法和战时国际法的做法,无法从国际道义上阻止第一次世界大战和第二次世界大战的爆发。

随着第二次世界大战结束、联合国成立,国际法迎来重要的发展,实现从"二元化"到"一元化"的转变,形成了以《宪章》为核心的现代国际法,逐渐成为国际社会的行为准则。

然而,冷战后国际局势的演变,以及经济全球化和网络信息时代的到来,为国际关系的发展赋予了新内容,国际法也由此面临着新挑战、新课题、新发展。

新加坡国立大学法学院副教授、亚洲法律研究中心副主任王江雨指出,现有国际法背后反映的是以美国为首的既有大国在制定国际规则、确定国际话语权方面的立场和主张,随着国际格局变化,国际法向前发展和演进也是必然趋势。

王江雨表示,国际法演进是一个渐进过程,归根结底要在继承的基础上发展和改进,靠国际条约、国家实践、国际司法判例来推动。

王江雨同时强调,国际法"与时俱进"其实也是国际政治博弈的一个过程,新兴大国应当积极参与其中,完善现有国际争端解决机制,减少发达国家隐性干预,体现公平公正、共存共商的原则。

（据新华社北京 2016 年 7 月 14 日电

新华社记者　赵晖　许雷　陈寅）

后　记

　　2016 年 4 月底到 7 月下旬,新华社国际部充分发挥点多面广、多语种、多平台优势,播发了 2300 多条涉南海问题稿件,让世界听到、听清、听进中国的声音。新华社国际部凌朔潜心钻研南海问题,在南海仲裁案系列报道中表现突出。

　　本书稿件由凌朔、杨柯、刘芳、冯武勇、凌德权、包尔文、辛俭强、吴黎明、郝薇薇、杨定都、张远、张伟、柳丝、郑玮娜、赵晖、陈寅、杜白羽、林昊、韩墨、赵卓昀、李忠发、邹伟、臧晓程、刘莉莉、郑汉根、裴剑容、闫亮、刘赞、魏良磊、杨天沐、陈静、许雷等记者采写,李拯宇、毛磊、谢栋风、刘钢、邵进、魏建华、闫珺岩、蒋国鹏、姬新龙、黄强、马震等参与稿件处理签发。谢荣、张云飞、邵杰、孙萍、季伟、薛磊、何梦舒、赵嫣、孙晶等参与采访和材料收集。参与新华网相关报道的有常烨、刘小军、徐倩、雷东瑞、雷曼誉、翟子赫、刘洁、王戈、翟慎玲等。

　　本书部分稿件由新华社社长蔡名照、总编辑何平等领导同志修改定稿。

　　本书的编辑出版得到了人民出版社的大力支持。

　　由于编者水平有限,本书可能存在纰漏,欢迎读者指正。

编　者

2016 年 8 月

统　　筹:图典分社
策划编辑:刘志宏
责任编辑:刘志宏
封面设计:李尘工作室

图书在版编目(CIP)数据

南海诸岛是中国的/新华社国际部,新华网 编. —北京:人民出版社,2016.10
ISBN 978－7－01－016709－1

Ⅰ.①南…　Ⅱ.①新…②新…　Ⅲ.①南海诸岛-国际问题-研究②评论性
新闻-作品集-中国-当代　Ⅳ.①D815.3②I253

中国版本图书馆 CIP 数据核字(2016)第 217302 号

南海诸岛是中国的
NANHAI ZHUDAO SHI ZHONGGUO DE

新华社国际部　新华网　编

人民出版社 出版发行
(100706　北京市东城区隆福寺街 99 号)

北京汇林印务有限公司印刷　新华书店经销

2016 年 10 月第 1 版　2016 年 10 月北京第 1 次印刷
开本:710 毫米×1000 毫米 1/16　印张:13
字数:170 千字　插页:2

ISBN 978－7－01－016709－1　定价:30.00 元

邮购地址 100706　北京市东城区隆福寺街 99 号
人民东方图书销售中心　电话 (010)65250042　65289539